妻に棲む別人
多重人格の出現　ヤミ金との激闘編
花田深
ハート出版

本書は『妻は多重人格者』（創美社刊、平成十六年）の再刊です。

『妻に棲む別人（Ⅱ）―多重人格の消滅　その治療全記録』発刊にあたり、当時の状況をより深く把握していただくため、加筆することなく改題して刊行することに致しました。併せてお読みいただけると多重人格のイメージを一新されることと思います。

はじめに

妻が殺人を犯していたなら私たちはどうなっていただろう。妻の多重人格は露見することなく、やってもいない殺人の罪を科せられただろう。そして私たち家族は離散しただろう。それを思えば背筋が冷たくなってくる。妻が殺人者になる確率はかなり高かった。もちろん今では、妻ではなく妻の中にいる別の人間だということが分かっているのだが。最初に殺されたのは夫である私であっただろう。しかし、私を苦しめるために他の人を殺す可能性も十分あった。

本当に気が付かなかったんですかとよく聞かれる。妻が多重人格者だということは、私は全く分からなかった。これは彼ら（妻の中にいる人間）が言うように、完璧に妻を演じていたということだ。彼らが出現した時は私にばれないように細心の注意を払っていた。その驚きは今でも同じだ。妻の顔が急変し、いきなり乱暴な言葉を吐いても、妻が酔っぱらったと思うしかないだろう。妻の中に多くの他人がごろごろいるという事実を理解はしても、納得することはいまだにできない。私はまだまだ多重人格について勉強しなければならないだろう。

私たちに起こったことは悲惨というしかないが、妻に起こったことを悲惨と呼ぶのはあまりにも哀れだ。これまでの妻の境遇は妻が招いたことではなく、妻の父母が招いたことだ。恨むとすれば父母を恨むしかないが、今二人ともいない以上、世の中を恨むしかない。しかし妻は言う。このような自分の人生は自分で選んだのだ。そしてそのため父母を選んでこの世に生まれてきたのだと。彼女は見えないものを見、聞こえないものを聞く。ようやくそれが本物だと気付いた今、彼女は私たちが知らないものを知ることができる。そして、私たち誰もが持つ不思議な力を教えてくれる。

あまりにも非人間的な部分とあまりにも人間的な部分が妻の中で一緒になっている。最高と最低が、最善と最悪が、まさしく聖と俗が混在している。この事実の重みはいかんともしがたい。私はため息をつくのみだ。壮絶で不運な人生だが、ここには真実がある。真実の光を見るために妻に試練が与えられたのだと思う。

数多くの人々の支えで私たちは救われた。その方々に深く深く心から厚く御礼を申し上げたい。そして追い詰められている何百万人もの多重債務者、正しい診断をされず苦しんでいる多くの多重人格者、そして霊的人間であることに目覚めつつある多くの人々に励ましの言葉を贈りたい。本になってようやく私たちの思いを伝えることができました。出版に向けて努力してくださった方々にも深く感謝する次第です。ありがとうございました。

著　者

●目次――妻に棲む別人（Ⅰ）―多重人格の出現　ヤミ金との激闘編

破滅の前触れ

十一月五日、月曜日。

それは一本の電話から始まった。

「花田さんのお宅ですか?」

「そうですが」

「……花田純子さんはいらっしゃいますか」

「出かけておりますが」

「……」

「どちらさまですか?」

「××クレジットの○○といいます」

「はい」

「実は、奥さん、金を借りてるんですよ」

「……はあ？」

「……」

「どちらにおかけですか？」

「花田さんですよね」

「はい」

「……」

「誰が、借りたって言うんですか？」

「奥さんですが」

「何かの間違いでしょ」

「いや、借用証書もあるから」

「……」


太い男の声だ。こっちを探り探り電話している。甘えのかけらもない冷たい声だ。私の頭は思考停止していた。寝耳に水とはこういうことだった。全く想像もしていないことが今、目の前に、いや現実の耳の中に起こっていた。電話を切った後も、しばらくはなんのことか理解できなかった。妻が金を借りている？　そんなばかな……、ありえる話ではない。少なくとも、わが家では、どんなことがあろうと借金などするはずがなかった。現に、私は生まれてから一度も金を借りたことはないし、妻にもそのことはよく話しておいた。何度も、何度も。わが家の家訓のようなものだったから。

私は戦後しばらくして、山陰地方の田舎町で生まれ育った。八人兄弟の末っ子だった。なんの贅沢《ぜいたく》も変化もない質素な暮らしで、自給自足に近い生活を続けていた。米と野菜は家の田畑で作り、鶏を飼い、年に何度かつぶして食べていた。牛や豚を飼ったこともある。出費といえば、行商人が売りにくる魚を時々買っていたぐらいだ。ゴミなどはほとんど出ず、出たゴミは庭の隅で燃やしていた。田園地帯の一軒家で、いちばん近くの家まで二百メートルぐらいあった。親は子供たちが野心を抱くのをすごく恐れ、常に私たちに言っていた。

「上を見るなよ、上を見たらきりがない」

人間には分相応の暮らしがある。それ以上のものを求めると必ず無理をしなければならず、そのことはやがて破綻《はたん》を来すのだ。貧しい家の子供に親が伝える生きる知恵である。借金だけはするなと言われ続けてきた。何か欲しいのなら、まず金をためてそれから買え、欲しいからといって借金までして買うとどこかにしわ寄せがきて窮地に陥ると。両親はすでに亡く、私は遺言ともいえるその言葉を忠実に守ってきた。実際、これまでの人生の中で、借金にまつわることでろくな話はない。友人の醜い姿を何度も見てきた。極め付きは、大学時代にいちばん仲の良かった友人がどうしてもと言うので三万円貸すと、そのままとんずらして二度と私の前に現れなくなったことだった。情けない、実に嫌な思い出として長く脳裏に残っている。

このことは、妻にもしつこいほど言っていたし、子供たちにもそう教えてきた。だから、まさか妻が、しかも私に内緒で借金をするなど思いもよらなかったし、ありえる話ではなかった。

唯一考えられるとすれば妻の会社のことだった。

ある日突然、妻は足裏シートなるものを発明した。ある粉が入ったものを就寝前に足の裏に貼っておくと、翌朝、足裏から粘着質の液体がびっしりとにじみ出ている。なぜ出るのか不思議である。まさしく足の裏から液体が出るのである。汗のように思えるがそうではないようだ。むしろ、真夏の海水浴で急激な日焼けをしたときに、ペロッとむけた皮の下から出る粘着質の液体、あんな感じだ。この足裏シートを試した人たちの間では、疲れがとれる、気持ちがすっきりするなどと好評だった。痛いところに貼ると病気が快癒する人も現れた。リウマチとか、関節炎とか、ヘルペスとか、腫れ物にも効果があるらしい。医者に通っても駄目だったものが、一度で治ったという人が続出した。そういう人たちの協力で商品化しようということになり、妻は会社を作っていたのだ。このへんの経緯については、後でくわしく説明する。

その会社がうまくいかずに、妻は金を借りたのだろうか。しかし、切羽詰まって借りたにしても、必ず私に一言あるだろうし、借りた金も自分でなんとかするはずで、こうしていきなり金貸しから電話が来ることはないだろう。

気持ちの悪い電話を早く片付けようと、いそいで妻に連絡をとろうとした。携帯電話にかけると留守電になっている。事務所に電話すると、今日は営業で外回りだと言う。事務所には事務員を一人置いていた。なんとしても連絡がつかない。やきもきするうちに夜になり、八時ごろようやく妻が家に電話してきた。

「仕事が終わってこれから帰ります」

「お前、変なことしただろう」

「なあに?」

「金返せって電話があったぞ」

「何、それ」

「とぼけるな!」

「いったいなんのことよ」

「とにかく帰ってこい。話を聞こうじゃないか」

帰ってきた妻は驚いていた。私からいきさつを聞くと、いそいで誰かに電話をかけ、そして釈明した。友人の代わりに自分が金を借りた。期限までに友人が払えなくて、家に電話が来たのだと言う。少し変だなとは思ったが、友人に電話までしているのだから信じるしかなかった。いくら借りたのだと聞くと八万円だと言う。私は、明日、十万円渡すからそれで処理しろと言った。

翌日、私の仕事先の近くの地下鉄ホームで落ち合って渡すことになった。約束の時間から二十分ぐらい遅れて妻は電車から降りてきた。最近、妻は必ずといっていいぐらい時間に遅れてやってくる。何度注意しても遅れてくる。どうしたんだ、そんなに忙しいのかと聞くが、笑って答えない。時間を守らないと人から信用されなくなるぞと言うと、大丈夫と言う。私が封筒を渡すと、すみませんとうれしそうに受け取った。時間に遅れそうな私はいそいで手を振って別れた。途中振り返ると、妻が封筒をのぞき込んでいる横顔が見えた。何もこんなところで確認しなくてもと一瞬思った。妻はややほくそ笑んでいるようにも見えた。

それからちょうどきっかり十日後だった。電話の向こうからドスの利《き》いた低い男の声が聞こえた。すきのない、よどみのない話し方だ。

「花田さんのお宅ですか？」

「そうですが」

「奥さん、います？」

「出かけてますが」

「……旦那さんですか」

「そうですが」

「奥さんに金を貸している者ですが……」

「……はあ？」

「奥さんに金を貸してるんだけど」

「……どういうことですか？　………どちらさんですか？」

「〇〇コーポレーションといいます」

「……はあ……」

「奥さん、いるんでしょ？」

「はあ、おりますよ。いや、今はいませんが、いったい、いくら借りてるんですか？」

「四万円」

「四万円？　……四万円ですか？」

たった四万円かという思いが即座によぎった。たった四万円ぐらいをなぜ借りたのか。他人から借りれば必ず利子が付く。それぐらいの金なら、私から借りたほうがいいし、そうすべきだろう。私から借りない理由が見つからない。

「旦那さんが代わりに払ってくれます?」

「いや、まず、ほんとかどうか確かめてみないと……」

「嘘だ、ちゅうんかい」

「……」

「なんだったら、これから証文持って行こうか」

「……」

「どないや、なんだったら、若い衆連れてすぐ行くぞ」

「……」

「黙っとらんで、なんとか言わんかい」

「……いや、まず、確かめないと……」

「ぐだぐだ言わずに、払うんかい、払わないんかい、どっちやい」

「……」

先日の声とは異質の声だったが、話し方は全く同じだった。やくざの脅しの声である。これまで聞いたことのない声だった。いや、映画などで聞いたことはある。しかし実際に、自分に向かって、こういう声で脅されるのは初めてだった。

「人から金を借りて払わんとはどうゆうこっちゃい、おんどれ」

「いったい、いつ、いくら借りたんですか？」

「言ったら、払ってくれるんかい」

「いや、まず確認してみないと」

「確認して本当だったら払ってくれるんだね」

相手の術中にはまっていった。やくざの因縁は、付けようと思えばどんなことにも付けられる。通りがかりに触れただけで、あるいは触れなくても因縁を付けてくる。こちらが常人と話すように丁寧語で話せば話すほど付け込まれる。そう感じながら、いやまずいぞ、ちょっとどうにかしなくては、などと思いながらも相手の話術にはまっていく。脂汗が出はじめた。とにかく妻と連絡がとれてからと繰り返すと、ようやく相手はあきらめて電話を切った。喉がからからに渇いていた。たった四万円だ。何かの間違いだと思った。しかし、十日前の事件を思い出して暗い予感がした。

一時間後、もう一本金貸しから電話があった。いつ、いくら貸しているのかを聞いた。一週間前に六万円ということだった。何かの間違いではないかと言うと、お宅の家族構成はこれこれで、旦那さんの勤め先はこれこれでと言う。その通りだった。私が信じられないと言うと、じゃ、これからファックスで奥さん自筆の借用書と保険証の写しを送ると言う。ファックスはあるね、と番号を確認して電話は切れた。そしてすぐさま送られてきたものを見て、誰かが悪質ないたずらをしているのではという思いは吹き飛んだ。まぎれもない彼女自身の特徴ある字体の借用書と、保険証の写し、そして印鑑証明書のコピーまであった。私はいそいで妻の携帯に電話した。しかし携帯電話は留守電になっていて、何度かけてもむなしい応答メッセージが繰り返された。妻の事務所も留守電になっていた。その日、奥さんに金を貸しているという電話は合計九本にのぼった。

妻からは連絡が来なかった。私は店屋物《てんやもの》で子供たちと夕食をすませ、風呂に入れ、妻の帰りを今か今かと待った。頭の中は今日の電話のことでいっぱいだった。何も考えられなかった。いったいなぜこんなことが。いったいどうして。

その夜、妻は遅く、終電間際に帰ってきた。帰ってきた妻の様子はちょっと言い表しようがなかった。ごめんなさいと素直に謝るかと思っていたが、ちょっと恥ずかしげで、しょげていて、そのくせ元気はあり、力強ささえ感じた。笑みさえ浮かべていたような気がする。やや拍子抜けしたが、いそぎ確認しなければならない。妻は本当に借りたのか。不思議な答えが返ってきた。

「よく分からないの」

それが妻の答えだった。よく分からない？　何をばかなことを言ってるんだ。現実に、こうして借金の催促が来て、その証拠もあるじゃないか。

「だから、借りたんでしょ」

「なんだと」

「借りたのは確かよ。ここにいろいろあるんだもの」

妻はバッグの中からいろいろ出してみせた。銀行の振込用紙とか控えとか、通帳とかがテーブルに並ぶ。

「何を言ってるんだ。当たり前じゃないか、お前が借りたから、こうなってるんじゃないか」

昔の私なら、ぶん殴っていただろう。なぜ殴らなかったのか。今思うと、あの時、私は無意識に私に警告を出していたのだと思う。殴って解決するレベルの問題ではない。レベルが違う。だからよけい怖かったのかもしれない。殴るとやばい。それほど事は切迫していると感じていた。頭の中で危険信号が鳴り響いていた。

妻の言い方は、まるでひと事のようである。しかし借りたことは認めている。では、なぜ借りたのか。いったいなぜ？　妻は考え考えこう言った。

「会社が……、うまく……いかなくなったの……」

「いくら必要だったの？」

「……四十万ぐらいかな」

「それぐらいだったら、なぜおれに言わない？」

「だって、あなたは頼るなって言ったじゃない。ちゃんと自分でやれよって」

「そりゃ言ったさ。でも、ほかから借りるんだったら話は別じゃないか」

「別じゃないわよ」

「ばかな。利子が付くだろう。もったいないじゃないか」

「あなたに頼るわけにはいかないわよ」

「じゃ、いい。ほかから借りてちゃんと返せるのか」

「ええ」

「じゃ、なんで金を返せっておれにまで電話が来るんだ？　ちゃんとできてないから来るんだろ」

「……」

こんな会話が延々と続いた。らちが明かない。何を聞いてもどうどう巡りだ。明快な答えが返ってこない。妻自身が自分で自分のことが分からないような感じもした。いったいなぜ、どうして……。破滅だぞ、子供のことを考えろと妻に言った。しかし、その言葉に対してさえ、妻はあまり考え込むふうでもなかった。いったい妻に何が起こったのか。考えられるのはただ一つ、会社がうまくいかなくなったということだけだった。

そして次の日。さらに九軒の借金の催促があった。合計十八軒。すべて同じ話し方、いや脅し方だった。すべてヤミ金だった。これまでの人生で金を借りたことのない私は、いったい金を借りるにはどうすればいいのか全く分からない。だからこの時、ヤミ金とは何かが分からなかった。

後で分かったことだが、金を借りる方法は大きく分けて三つある。銀行から借りるか、大手消費者金融から借りるか、ヤミ金から借りるか。

銀行は信用が第一で、担保がなければ貸さない。

大手消費者金融とは、アコム、武富士、アイフル、プロミスなどで、無人契約機を置いて、テレビで大々的にコマーシャルをやっている金貸しだ。犬を飼うために借りなさい。旅行に行くために借りなさい。借りなさい、借りてくれと連呼している。担保も保証人もいらないから、借りやすい。金を借りたという意識が薄く、自分の将来の貯金を先にもらう感覚で借りる人が多い。以前は「サラリーマン金融」を略して「サラ金」と呼んだが、イメージを良くするために「消費者金融」と名前を改めた。

ヤミ金とは規模の小さな金融業者で、以前はマチ金とも呼んだ。ヤミ金には二種類あって、財務局もしくは都道府県に貸金業の登録をして営業している業者と、無登録で営業している業者とがある。かつては無登録で営業している業者のみをヤミ金と呼んでいたが、今は登録している業者でも違法行為をしていればヤミ金と呼んでいる。どちらも法律で決められた枠を超えた利息で貸し付け、暴力的に強引に取り立てる貸金業者である。三万円借りて一週間後に五万円とか、借りる時にすでに利息分を引いて渡されたりする。もちろん違法行為である。

現在の出資法では年利二十九・二パーセントを超えてはならない。ヤミ金は法律を無視して法外な利息をとる。年利千パーセントというのもある。明らかな犯罪である。しかし、警察はよほどのことがない限り取り締まらない。彼らは野放し状態で、わが物顔で金をむしりとっている。貸してくれと言ってくるほうが悪いと言う。法外な利息と知りながら借りたのだから、借りたほうが悪いという。借りたものは返すのが当然だろうとくる。悪質な犯罪者である。

世の中が不況になり、年間の自殺者は三万人を超えた。そのうちの三割は生活苦や借金苦で自殺する人たちだという。銀行が貸さない。あちこちで問題を起こしブラックリストに載れば大手消費者金融が貸さない。もちろんその前に親兄弟、親類縁者、友人、可能なところすべてに頼んで断られている。すると最後はヤミ金に行くしかない。

法外な利息と分かっていても、急場をしのぐために手を出すしかない。出さないと生きていけない。乗り切れないから、それでなんとかしのごうとする。しかし約束の返済日がやってくる。そしてやはりヤミ金に返せない。返す気があるのか、誠意があるならせめて利息だけでも払えと言われ、それだけならと利息だけをまずなんとかして、とりあえず払う。そしてまた数日後、返済日がやってくる。また返せない。

人間なら借りたものは返すのが当たり前、お前は人間じゃないのか、犬畜生か、誠意を示せという脅し。ふたたび利息だけをなんとかしろと言われる。しょうがなく別のヤミ金に行って借りるしかない。

その時、ほとんどの業者が借りやすい別のヤミ金を紹介しましょうかと言う。面倒な手続きなしで貸してくれると言う。彼らは裏で手をつないでいるのだ。仲間うちで網にかかった獲物を転がして、最後の一滴まで金という血をすすり取ろうとする。こうして土壺《どつぼ》にはまっていく。気が付いたら、もう引き返せない。地獄にまっしぐらだ。ヤミ金からヤミ金を渡り歩くようになり、ついにはとんでもない金額に膨れ上がり、とうてい払える額ではなくなってしまう。完全に後戻りできなくなってしまうのだ。

ヤミ金業者の目的は、借金を完全に払い終わらせることではない。利息だ。利息を可能な限り払い続けさせることだ。完済させたらもうおしまいになってしまう。利息を限りなく太らせることが目的なのだ。

そういった弱者をヤミ金はさらに追い詰め、死ぬまで搾り取れるだけ搾り取る。まさしく自殺するしかない。葬式にやってきて香典を巻き上げていったという話もある。

ヤミ金業者の多くは暴力団傘下にあり、上納している。一軒の貸金業で年に一億円の儲けだという。笑いが止まらないだろう。びくびくする弱者を脅すだけで一億円だ。今、東京に七千社から八千社のヤミ金があるという。

ヤミ金業者を規制する法律があることを知っていたら、もっと迅速にもっと別な手を打っていただろう。だが、その時、私は何も知らなかった。だから彼らが、これから若いの連れて踏み込むぞとか、家財道具を引き払うぞとか、隣近所に大声で言い触らすぞとか、貼り紙だらけにしてやるぞと脅すのを、全く本気でそうすると思っていた。テレビのニュースでは、時々そういう報道をしている。夜九時から朝八時までの訪問は禁止だとか、貼り紙とか大声を出せばすぐ取り締まりの対象になるとかは、全く知らなかった。

妻を問い詰めてもしょうがなかった。明確な答えは出てこない。とにかく、この十八軒のヤミ金をどうするかだ。いずれも一筋縄ではいかない。なんとか言ってやり過ごすことができるほど甘い奴らではない。奴らは、人が死のうが生きようが知ったことじゃないというやくざだ。ヤミ金の三軒も電話の受け答えをすると、私の喉はからからになった。あの手この手の脅しで執拗に食い下がってくる。どうにも行き場のないように追い込んでくる。しかし、ある一軒と話している時、ふと相手がもらした。

「旦那さんには払う義務はないんですがね、奥さんがかわいそうだと思ったら……」

そこで初めて気が付いた。えっ、夫であるおれには払う義務はないんだ。そりゃそうだ、おれが連帯保証人になっているわけじゃない。するとまずおれは安泰だ。しかしでは、次はどうすればいいのだ？　このまま待っていてもどうにかなるわけじゃないし、なんとかしなければ……。しかし、私には策が全く浮かばなかった。いったいどうすればいいのだ。どうすれば子供たちを守ることができるのだ。

信頼する何人かの人たちに相談した。一様に驚いた。たぶん、わが家から借金という言葉が出るのが意外だったのだと思う。そして同情の表情を見せた。奥さんが夫に内緒で借金するのはよほどのことがあったからに違いない。それはすべて、夫である私が悪いと言った。つまり、私が妻に渡す金が少なくて、それでも妻は頑張ってやりくりしていたのだが、とうとう限界がきて借金に至ったというわけだ。みながみな、すべてそう推測した。しかし、わが家の家計において金のやりくりについては一切問題なかった。だからそれについては誤解がある。

しかし私は反論するつもりはない。世の中の多くの夫が妻のことをないがしろにしているというのは事実だろう。もし妻が何か事を起こしたら、それは夫の責任だと言われればその通りなのだ。そして多くの夫はその時に至らないとそのことに気付かないのだ。つまり、多くの妻たちは我慢に我慢を重ねて生きているという事実に、ほとんどの夫たちが気付いていない。そしていよいよ妻から持ち出される中年離婚とか、リストラなどの危機的状況になって、ようやく妻に対する配慮のなさに気付くというのがほとんどだろう。私もそういう夫であったということだ。妻の忍耐の上に私のわがままがあったことは事実なのだ。そして、それに気付かなかったことも事実である。だが、今回の事件はそういう問題とも違った。

私の職業は映画監督だ。ただし、これまで一本しか映画を撮っていない。サウジアラビアが資金を出した合作映画で『リトル・シンドバッド　小さな冒険者たち』という。この作品だけだ。

いろいろな経緯があり、この映画を監督した後、私は自分のやりたい映画しか撮らないことに決めた。テレビドラマの演出の話も断り、自分の企画を通そうと動いてきたが、第二作はいまだに日の目を見ていない。

高校生、中学生、小学生の三人の子供がいて、親の責任を果たさねばならない。だが自分の意志を貫けば当然食えない。食えないから映画の学校で教えている。決められた曜日に行くとかそういうことはなく、私が必要とされる時だけ行くという、かなり自由な学校だ。というといい加減にやっていると思われそうだが、各専門分野の多くの講師の方々と連携しながら、年間のカリキュラムをしっかりとこなしている。むしろかなりハードな内容で、一年後には生徒たちが見違えるように大きく成長する。学校に行かない日は家にいて本を読んだり、映画を見たり、酒を飲んだり、時々、企画書を書いたりしている。若い時からの習慣で、年間三百本の映画を見て百冊の本を読むことにしている。映画監督という特殊な職業がそれを許していた。もちろん、家族の犠牲の上に成り立つことなのだが。

問題は、今回の事件だ。

同じ映画の道を志したこともある三十年来の友人は親身になって善後策を考えてくれた。「それは一軒ずつ回って、話し合ったほうがいい。そしてできるだけ利息を少なくしてもらうように話すべきだ。彼らも人間だから、話せば分かってくれるよ。こっちの誠意を見せれば通じるもんだよ。なんだったらおれも一緒に行ってお願いしてやるよ」

ありがたかった。すごく心強かった。わけが分からないうちに、突然崖っぷちに追い詰められ、いきなり四方八方から石が飛んでくる状況にいる今の自分にとっては、このように気遣ってくれる者がいるだけで安らぐものだ。ただし、電話の向こうでありったけの脅しの言葉を怒鳴りまくる彼ら十八軒を一軒ずつ回って歩くというのは非常に気が重かった。あの電話の口調を考えれば、彼らが人間性を見せるとも思えない。なんとかそこにすがりたいという気持ちはあったが……。

私の先輩に当たる監督にも相談した。

「そんな奴らと交渉しても無駄だ。人の生き血を吸って生きようとしている奴らに話が通じるわけがない。まず警察だよ。今は家の周りをうろつくだけで取り締まりの対象になるんだから、奴らも警察がいちばん怖いはずだ。それと弁護士だな。お前には手に負えないよ。なんとか弁護士に頼め。お前、知り合いの弁護士いないのか」

なるほどと思った。警察がいちばんだ。確かにそうだ。市民が身の安全を守るには自分以外は警察しかないだろう。でも、どうやって警察までたどり着いてお願いできるのだろうか。金を借りたのは妻であり、悪いのは妻なのだから、警察に行ってもどうしようもないと思われた。警察に行って、助けてください、妻が金を借りています、なんとかしてください。それで警察が動くわけがない。するとやはり弁護士か。それしかない。

その時、一人の弁護士の名前が浮かんだ。毎年、妻あてに年賀状をくれる弁護士がいた。私は会ったこともない。誰この人？　と妻に聞いても、知り合いという程度の答えだった。私はその年賀状を思い出していた。もはや一刻の猶予もない。私はその弁護士の年賀状をいそぎ捜した。

取り立てに追われる日々

翌日、妻を連れて新橋に向かっていた。その弁護士事務所は新橋にあった。今後、何回となく重い足を運ぶ新橋を私は悪夢の街として一生記憶にとどめるであろう。後で分かるのだが、妻は新橋で三軒のヤミ金から金を借りていた。その近くに弁護士事務所がある。金を借りた街で弁護士を頼む。

この街を歩くとまるで金が渦巻く空間を歩いているような気がする。この街ですれ違う人たちはみな金に関係している。いかに金を儲けるか、いかに人を蹴落として金で生きるか、そんな心が人々の顔に表れている。金融関係者、金融関係事務所がいかに多い街か。私は数十回外国に行ったことがあるが、金融関係がこんなに表だってのさばっている国は日本だけなのではないだろうか。どの駅前にも金貸しの看板が連なっている。特にひどいのが新橋と神田だ。金が金を稼ぐ。これほど露骨に表に出している国は日本だけだと思う。質実剛健、刻苦勉励、額に汗して働こう、などという言葉は日本では完全に死語と化してしまった。

どんよりと重い雲がたれこめる秋、私は弁護士事務所のドアを叩いた。

弁護士は五十代半ばの小柄で小心そうだが誠実味を感じる男だった。事情を話すと、なんのために借りたのかと聞かれた。妻の会社が傾いたためと答えた。遊興費で借りたのではないねと何度も聞かれた。遊興費、つまり高級服やブランドものを買ったり、競馬・競輪・パチンコなどのギャンブルをするために借りたのかということだった。それはない。私の姿形、妻の姿形を見ればそれは分かる。妻が美容院に行くのは三年に一度ぐらいのものだ。私はといえば、全くファッション感覚が欠如していて、着るものには無頓着でなんでもよかった。穴の開いたジャンパーをよく着ているが、私はそれで平気なのだ。賭け事には一切無縁で関心もない。そんな私たちを見て、いいでしょう、引き受けましょうと弁護士は快諾してくれた。

「弁護士料三十万円、それと郵便料五万円用意してください。分割は駄目です。次回に即金でお願いします。貸金業者の名前と金額、いつ、いくら借りて、どういう契約か。実際に行って借りたのか、振り込んでもらったのか、それとも別の方法なのか。それと業者の住所と電話。ファックスが分かればそれでもいいです。こちらから、じゅにんつうちを送りますから」

と弁護士は言った。こっちが質問しても、あまり多くを答えてくれない。素人には分からないから任せなさい、という感じだった。ぶっきらぼう極まりない。

じゅにんつうちとは受任通知のことだった。それがどういうことなのか知らなかった。私はただ、弁護士が入れば貸金業者は一斉に手を引くという話は聞いていた。受任通知とは、法的に本人の代理人が立ったということを業者に通知することで、以後、貸金業者が本人に直接取り立てることを禁じるものだと思われた。

しかし、業者名と電話番号とだいたいの場所は分かるとしても、住所が分からないのが多い。

「住所が分からないとどうなるのですか?」

「それでは受任通知は送れません、住所の代わりにファックスが分かればファックスで送ります」

「住所もファックスも分からなければ、相手はまだ私の家に電話をかけてくるということですか?」

「そういうことです」

「住所はどうすれば分かるのでしょうか」

「奥さんが分かっているのではないですか? あるいは調べてください」

「弁護士さんが電話してもらえませんか?」

「私は一切そういうことはしません。もしお嫌ならお引き取りください」

さあて困った。どうやったら住所を知ることができるのか。それも早急に調べて、弁護士に受任通知を送ってもらわないと、毎日のように電話がわが家に来るだろう。こうしている間にも家の電話が鳴っているはずだ。子供たちはどうしているだろうか。留守電にしておきなさいと言ってはあるのだが……。

すべての借金は返済予定日を過ぎている。だから、家に電話が来たのだ。弁護士を入れたから受任通知を送りたい、ついては住所を教えてくれと言ってすんなり教えてくれるだろうか。ここは一つ、一軒一軒探し当てるしか方法はないように思えた。電話番号から場所を想定し、歩いて探すしかない。新宿とか、渋谷とか、だいたいの場所は妻が知っているはずだ。だが妻と一緒に歩くわけにはいくまい。もし途中で業者と遭遇でもしたら、何をされるか分からない。袋叩きにされるかもしれない。連れ去られて、殺されるかもしれない。私一人で探すしかないだろう。これは大変なことになった。

しかし、後で分かることなのだが、業者の住所はインターネットで簡単に知ることができるのだった。〈東京都〉〈貸金業〉で検索すれば、たちどころに東京都に登録された業者名と代表者名、それに住所と電話番号、設立した年月日まで分かる。もしそれに載っていなければ、無登録のもぐりの業者で、明らかに違法に貸金業を営んでいる業者なのである。無登録であれば警察に届ければいい。あの弁護士はどうしてこのことを教えてくれなかったのだろうか。それとも彼も知らなかったのだろうか。

暗たんたる思いを抱いて家に帰ると、案の定、留守番電話は満杯で許容を超えていた。ヤミ金業者の数は二十社以上になっていた。一息つく間もなく、ヤミ金業者から立て続けに電話がかかってきた。

弁護士を入れたから、そっちと話してくれと言った。驚きと脅しと捨てぜりふ。てめえ、この野郎。そりゃあないよ。だからなんなんだ。逃げる気か。うちだけは払えよ。どこまでも行くぜ。今に見てろよ……。

弁護士の電話番号を言うと、書き留めるから待ってくれと言う。電話の向こうで、隣に向かって話す声が聞こえた。

「兄貴、こいつ一回しか電話してないのに、もう弁護士を入れやがりましたぜ」

ああ、やっぱりやくざみたいな組織なんだと思った。恐る恐る相手の住所を聞いたら、いきなり電話を切られてしまった。やはり弁護士を入れてよかった。でないと、どうなったことか。だが安心するのはまだ早かった。

次の日は雨だった。昼過ぎ、チャイムが鳴り、出ると玄関に鋭い目つきの黒背広の上下を着た瘦身《そうしん》の男が立っていた。やくざが来た！　うちのマンションはオートロックで、居住者の了解を得て開けてもらわないと入れない。しかし、この男はいきなり五階にあるわが家の玄関のチャイムを押した。たぶん裏口から入って五階まで来たのだろう。いきなり来て、逃げ場を与えない方法か。

奥さんと話したいと言う。妻は奥に潜んでいる。とっさに、妻は病気になって入院していると答えた。これまでだと、妻を呼んでちゃんと話すように言っただろう。やましいことがなければ正々堂々と逃げ隠れするなと言っただろう。自分でちゃんと解決しろと言っただろう。だが、今そんなことは言えない。家族が崩壊する寸前なのだ。妻と話させてはいけない。妻はいないものとして対処するのが切り抜けられる道だと思った。どこの病院かと聞くので、言えないと答え、借金の件ならうちはもう弁護士を入れましたから、そっちと話してくださいと言い、弁護士事務所の名と電話番号を書いた紙を渡し、戸を閉めた。

さあこれであっさりと撃退か。外では男が携帯電話を取り出して話す声が聞こえた。本部の指示をあおいでいるのか。しばらくするとまたチャイムが鳴った。そしてその男が言った。

「弁護士からの受任通知がまだ来てないので、弁護士と話す義務はない。奥さんがいなければ、ちょっと旦那さんと話したい」

さあて困った。どうすればいいのだ。相手は海千山千のつわものだろう。こっちは何を話していいか分からない。

「……警察を呼びますよ」

「いいよ」

「じゃ」

拍子抜けがした。警察という名を出すとびびるかと思った。しかし、相手は屁《へ》とも思っていないのだ。

一一〇番した。五分ぐらいでやってきたと思う。しかし、警察が来るまでの時間のなんと長いことか。家の中をうろうろとうろつき回って警察が来るのを今か今かと待った。やがて廊下で男と話している声が聞こえた。警官は二名いるようだ。チャイムが鳴って、警察ですという声がした。警官は言った。

「旦那さんと話したいと言ってますが、どうですか、話したらいかがですか」

冗談じゃない。男と話したくないから警察を呼んだのだ。お前はどっちの味方だ。何を話すというのだ。会う必要はないと突っぱねた。

また外で何やら話す声が聞こえ、静かになった。男は帰ったと警官は言った。そして玄関で警察の私への事情聴取が始まった。妻がヤミ金から金を借りているみたいでと言うと、借りたものは返さなければなりませんねえと警官は言う。いったいどれぐらい借りているのかと聞くので、二十数軒から借りてるみたいでと言うと、文字通り（いや、漫画のようにと言うべきか）目を丸くした。

「……二十数軒……」

この警官もひょっとしたら、私のように、金など借りたことのない人生を過ごしてきたのかもしれないと思うと親近感がわいてきた。奥さんは入院されているらしいですが、よかったらその病院を教えてくれないかと言うので、それは教えられませんと答えた。いったい何を考えてこんな質問をするのだろう。まあ頑張ってくださいと言って警官は帰った。

それから一時間ほどして、下のインターホンが鳴った。柔らかいソフトな声だった。

「先程は失礼いたしました。○○プランニングと申しますが、先程は行き違いがあったようで、本当に申し訳ございません。おりいっていかがでしょうか。私どもの話を聞いていただけませんでしょうか」

「さっき話した通りですが」

「ええ、私、先程の者の上司ですが、私がちょっとうけたまわりたいと存じますので、恐れ入りますが、もう一度お話を伺わせていただけませんでしょうか」

こうまで言われたのなら仕方がない。まあ声からすると粗野な感じは受けないから、たぶん大丈夫だろう。私は弁護士の住所メモを持って下に降りた。確かに柔らかい物腰の、一見すると学校の先生のような感じの男が、黒背広の男といた。男はとうとうと経過を述べ、自分たちに非はなく、妻から連絡がないからしょうがなく、こうして家にまで来たのだと丁寧に話した。弁護士を入れたのは理解できるが、受任通知が来ていない以上、こうして請求する権利がある。なんとか奥さんに会わせてもらえないでしょうかと言った。

一時間以上話したと思う。その間、男は携帯電話で連絡をとったりしていたが、夕方近くなのでマンションの住民が行き来するのにはうんざりした。何やら深刻そうな顔で三人の男がにらみ合っている光景に異変を感じたに違いない。しかし私としては外聞などどうでもいい。いかにしてこの窮地を乗り切るかだ。

妻はいない、経過が分からないからなんとも言いようがない、弁護士から何も答える必要はないと言われていると突っぱねた。男は、では弁護士と話したいと言いだした。六時を過ぎて、弁護士事務所は連絡がつかない。私は今回依頼した弁護士が非常に消極的なのが気になっていた。自分からは電話しないと言っていた。年賀状から私は自宅を知っていた。そこには電話番号も書いてあった。しかしちゅうちょした。弁護士の機嫌を損ねたらどうしよう。私は弁護士の自宅を知らないと答えた。少しでもいいから払ってもらいたいんですがと言うので、現在私の手元には三千円ぐらいしかないと答えた。

ようやく男たちはあきらめた。私たちの誠意が伝わらなくて残念ですと言って帰ろうとした時、申し訳ありませんが、私どもも忙しい中、こうして御自宅まで足を運びました。ついては交通費をいただけないでしょうかときた。自宅までわざわざ来たのはお前たちの勝手じゃないかと思ったが、いくらいるんですかと聞いたら、一人五百円で千円いただけますかと言う。分かったと言って、金を取りに家に戻るとインターホンが鳴った。申し訳ありませんが一人千円ずついただけませんかと言う。私は二千円を持って下に降りた。

その間も催促の電話が鳴りっ放しだった。相手の会社名、電話番号を聞くが、住所を教えてくれと言うとさすがに警戒した。弁護士を入れたからと言うと、舌打ちして電話をガシャッと切る者もいた。しまった、住所が分からない。

以前、金を借りませんかというダイレクトメールが時々来ていた。多いときには毎日四～五通は来ていたろうか。どうして急に来るようになったのだろうと妻に聞いても、さあ？としか答えない。妻も腹が立っていたみたいで、私、受け取り拒否をしてくると言って、来た葉書の上に

「受け取り拒否」の紙を貼ってポストに入れ返していた。思えばその時、異変に気付けばよかったのだ。そういった葉書をとっておけばよかったのかもしれない。妻が借りた業者の住所はそれを見れば分かったかもしれない。しかし、もはやすべて捨ててしまっている。

弁護士を入れたと言っても相手にひるむ様子はなかった。いいよ、これから行こうかとか、首を洗って待っとけとか脅してくる。いや、脅しではなく現実に家に来たではないか。

電報もひっきりなしに来るようになった。

「シキュウレンラクシロ　ナイバアイハ　カイシュウスル」

「警告する　入金連絡しろ」

「ダイシキュウレンラクセヨ　ナキバアイハコチラノヤリカタデカイシュウスル」

「返済が遅れている　至急連絡せよ」

「あらゆる手段を使い　完全回収に動く」

夜の十一時ごろ、下のインターホンが鳴った。やはり低い声で、奥さんいますかと言う。今何時だと思ってるんだと言うと、いきなりやくざ言葉ですごみはじめた。弁護士を入れたと言うと、一瞬の沈黙があり、証拠は？　と聞いてきた。私は弁護士の住所を書いたメモを持って一階に降りた。三人の、一見してやくざ姿の男がいた。真ん中にいる若い男はサッパリと洒落《しゃれ》た身なりをしていた。私が住所メモを渡すと、じっとそれを見ていたが、分かりました二度と来ませんと言って去っていった。あわててやくざ姿の男たちが後を追う。若頭という感じだった。去りながら彼は右手をあげてバイバイをした。垢抜《あかぬ》けてすきのないその男はベンツに乗って走り去った。金の取り立てに大物が来ることはないだろうが、少しだけ、格好いいなと思った。しかし、そんな余裕は次の朝に吹き飛んだ。

そして夜逃げ

私はいつも玄関横の部屋に一人で寝ている。朝八時きっかりだった。外廊下を歩く足音が聞こえた。中からは外の音がよく聞こえる。そしてわが家の前に止まりチャイムを押した。気疲れでクタクタになっていた私は布団の中で動かなかった。居留守を使おう。何回もチャイムが鳴る。そしてついに表では、花田さ〜ん、花田純子さ〜んと叫び出した。私はじっと動かずに居留守だ。何度か叫んだ後、いきなり頭の上の窓が開いた。心臓が飛び出した。私の頭上三十センチのところの窓が開いたのだ。男は玄関横の窓を開けて中をうかがったのだ。しまった鍵をかけておくんだった。しかしもう遅い。相手は中の様子をうかがう。私は息を止めた。一分間ぐらいそれが続いた。息が苦しくて呼吸をしようとした時、男は外で何か書き出した。そして玄関のすきまにそれを挟み込むとようやく去っていった。

「連絡を待つ。相談に乗りますから電話を必ずください　○○」と書いてあった。

もう駄目だ。弁護士を入れても、こんなに押しかけて来るようではたまらない。防ぎようがない。家にいる限りあいつらはやって来る。金を返せという業者の数は三十を超えていた。どうしたらいいのか。これから家財道具取りに行こうか、承諾書もあるんだぜと言う奴がいた。弁護士を入れようが入れまいが関係ない口ぶりだ。どうしてだろう。弁護士の名を出してもいっこうに動じる気配がない。彼らにとって弁護士は少しも怖くないのだということが分かった。弁護士が歯止めにならないとしたらどうしたらいいのだろうか。逃げるしかない……。夜逃げか……。とうとう、夜逃げか……。えらいことになってしまった。そんなことは考えたこともなかった……。しかし、いったいどこへ、誰を頼って……。

まず浮かんだのは兄弟だった。しかし、私の兄弟はすべて東京から遠く離れて住んでいる。そこへ行くのは大変だ。三人の子供たちのそれぞれの学校もある。急場をしのぐだけでいいのだから遠出はできない。近くの誰かだ。妻には親類縁者は一人もいなかった。では親しい友だ。あいつは家が小さい、とてもこっちの五人を引き受ける場所はない。あいつはどうだ？　あいつとはかつて酒を飲んで喧嘩したしなあ。いまさらどの面さげてお願いできるだろう。あいつは？　駄目、駄目……。いろんな友の顔が浮かんでは消えた。誰に頼めばいいのか、誰に頼めるのか、私ども一家五人……。相手にも家族があるわけだから、あまり迷惑をかけるわけにはいかない。結局、事務所を持っている知り合いが浮かんだ。それがいい。家に泊めてもらうより負担をかけずにすむだろう。電話するといつでも来いという返事だった。

マンションの前に停まっている車が、みな私たちを見張っているように見える。妻がつかまらなくて、ヤミ金たちはいらいらしている。妻と連絡がとれないので彼らは家にやってきた。家の前で妻を待ち受けているようにも思える。マンションの入口は一つ。その横に裏口に通じる道がある。両方ともマンションの前で見張っていればよく見える。そこから出れば一発でつかまってしまう。マンションの裏は高い塀だ。さてどうしようかと思わず口に出すと、長男が、僕は時々その塀を乗り越えて近道をして学校へ行くよと言う。

えっ、行けるのか？　いそいで裏の塀を見にいく。なるほど、そばの階段に足をかければなんとか塀の上に登れるし、向こう側にも行ける。ちょっとジャンプしなければならないが、妻も中学二年生の長女、それに小学三年生の次女も大丈夫だろう。ルートは決まった。ではいつ？　日が昇る前がいいだろう。六時か、いやそれは遅い。四時か、それでは電車が動いていない。では五時、いや五時十五分。まず妻を逃がす。人数が多いと目立ちやすい。一人で妻はタクシーに乗り、離れた駅から電車に乗る。続いて私が子供たちを連れて逃げる。私たちは当事者ではないので、何か言われても大丈夫だ。そして、どこかで落ち合う。その時、長男が言った。「僕は残るよ」。

その時、ようやく私は気付いた。今回の事件で、いちばん大変だったのは子供たちだったかもしれない。事件を処理するために、事件をかわすために、私は必死で逃げ道を考えていて、子供たちのことをすっかり忘れていた。そうだ、こいつらの人生があるんだ。

長男は高校三年生で、もうすぐ卒業をひかえていた。大学はどこへ行くのか、将来何になるのか、そろそろ決定しようとした矢先のこの事件だった。長男は部活に励んでいた。演劇部での活動を学校の授業以上に楽しんでいた。部活を休みたくないと言う。その通りだ。こんな事件で邪魔してはいけない。長男は優しい子だった。争い事を好まず、生まれてから一度も喧嘩することなく、友達から好かれていた。

長男を残すことについては、その性格から、脅しなどに耐えられるか心配だった。ただ、いくらなんでも奴らが子供に手を出すとは思えない。鍵をかけていれば大丈夫だろう。危ないと思ったら友達の家に泊まりに行くからと長男は言った。親が心配する以上に子供たちは、親に心配かけまいと一生懸命考えているのだ。

長女は兄妹の中ではいちばんしっかりしていて、物事に動じない。業者が、親父《おやじ》の携帯電話の番号を教えろと迫った時も、長女は知りませんと答えた。家族なんだから知らないわけがないだろうと、さらに業者は迫った。親が教えてくれないから知らないものは知らないと、長女は白《しら》を切った。業者はあきらめて電話を切った。

物事が分かる年齢になっているから、今回の事件でいちばん心を痛めたのはこの子だったかもしれない。なぜこんなことをしたのよと母親を責めることもなく、なぜこんなふうになったのよと父親を責めることもしない。なんとかうまく事が収まることを願っている。何も言わないが、彼女のまなざしがそれを語っている。親が一生懸命なのを見ているから、じっと嵐が過ぎるのを身を潜めてやり過ごそうとしている。まだ何が起こったのか把握できていない次女の手を握りしめて励ましている。

次女は幼いから何も分かっていない。こんなことをしでかした母親から離れようとしない。いつもは仕事で毎晩帰りが遅いのに、最近はいつも一緒にいることができてうれしくてしょうがない。お母様は私だけのものよと、ふざけてまとわりついている。憔悴しきった母親を一人にしてあげようと長女が引き離そうとすると、どうしてよとむくれて喧嘩になる。澄んだ瞳を見るたびに、一服の清涼剤のように心が和むが、同時に、この澄んだ瞳に比べてあまりにも醜い世界で這いずっている自らの現在の境遇に思い至ると、心がかきむしられる。本当に、いったいどうしたらいいのだ。だが、とにかく明日は夜逃げをしなければならない。

その日は日曜日だった。朝四時四十五分、出発の三十分前に子供たちを起こした。まだ暗い。

まずこっそりと裏口から表を見てみる。もし誰もいないようであれば、表から逃げるという手もある。車が三、四台駐車している。いつもそれぐらいは駐車しているが、その中の一台がどうも気になる。運転席で誰かが仮眠しているようだ。強迫観念とは恐ろしいもので、それが自分たちを見張っているように思えてしまう。考え過ぎだという思いもするが、とにかくこっちは猜疑心でいっぱいだから、あわてて取って返す。やっぱり表は危ない。予定通り、塀を乗り越えて逃げるほうがいいだろう。

まず妻を逃がす。妻も四十五歳だ。塀の上で私が手を差し伸べて介助する。なんとかよろけながらも塀を越えて着地した。じゃあなと声をかける。うんと言って妻はよたよたと駆けるようにして暁《あかつき》に消えた。つかまる前にうまくタクシーを拾えよ。願いながら家に帰る。さて、次は私と二人の女の子だ。家に戻り、念のために時間をおいて様子をうかがい家を出た。長男が手助けしてくれる。十一月、冬を迎えようとする時期で、うっすらと寒かった。最初に中学二年生の長女が塀を飛び越えた。小学三年生の次女には塀が高すぎる。塀のこちら側で私が押し上げ、塀の上で長男が支え、塀の向こう側で長女が受け止めた。私も乗り越え、じゃ行くわ、後を頼むぞと長男に言った。うんと長男はこたえ、そして末っ子の名を呼んだ。

「〇〇……、頑張れよ……」

私はこの声を一生忘れないだろう。長男はいちばん下の子をことのほか可愛がった。歳は九歳違った。真ん中の子も可愛がってはいるが、やはり舌足らずな下の子を気遣うのだろう。いつも遊び相手になってやっていた。いつも一緒にいる兄と妹である。それが今回のことで離ればなれになってしまう。この先どうなるか分からない。気を張っているが、兄としては不安でいっぱいだったろう。妹たちは何が起こっているのかも、いや長女は理解しているだろうが、下の子は全く理解できないだろう。そんないちばん下の子をふびんに思ったのだろう。お兄ちゃんは最後に声をかけた。その子の名前を呼んだ時、声が震えていた。呼ばれた子はお兄ちゃんを振り向いた。見つめあってしばらくあった後、お兄ちゃんは言った。

「頑張れよ……」

やや涙声で震えていた。しかしそれだけではなかった。しっかりした意志もあった。いろいろあるけど負けるなよというメッセージもあった。なぜ自分たちがこんな目にあわなければならないのかという無念の思いがあった。そして最後に自分たちは兄妹だからなという強い愛情があった。たとえここで別れようとも大丈夫だぞ、兄妹だから。いろいろな意味を持つ言い方をした。長女もそれを感じていた。お兄ちゃんは塀の上で仁王立ちしていた。しっかりするんだぞと心で言っていた。私たちはお兄ちゃんを見つめ、そして手を振った。「じゃ」。かすれた声でようやく私はそれを言い、走った。なんという情けない親なんだろう。私は走りながら心で泣いた。

朝いちばんの電車はすいている。私と二人の娘は一言も交わさずに電車を乗り継ぎ、目的地に向かった。一時間半ぐらいかかっただろうか。駅の改札口で、私の先輩が待っていた。私の電話を受けてすぐ車で来たのだろう。部屋着のままだった。好きなだけ使っていいから。そう言って、私の手に事務所の鍵と二万円を握らせた。ありがたかった。彼は仕事場として事務所を持っていた。彼以外は誰も使わない。自由に使ってくれという言葉がうれしかった。ふたたび電車に乗って、その事務所のある駅に向かいながら私は思った。これからいったいどうなるのか。しかしそれは誰にも分からないことだった。

そのまま事務所に何日も寝泊まりするつもりだった。その間に善後策を考えるつもりだった。しかし事務所に着いて一時間もするとえらいことだと分かった。娘たちが飽きてきた。そりゃそうだ。何もない殺風景な事務所にいては、最初は珍しくてもすぐ飽きてしまう。子供ならそうだろう。飽きてきた子供たちを見ながら、さてどうしたものかと思った。飯《めし》も問題だった。近所の定食屋に食べに行った。いつも行くファミレスと違っているのではしゃいでいたが、これもやがては飽きるだろう。

何もすることがなくなって、じっと事務所のテレビを見ている。家で見るテレビと違うのだろうか、声もなくじっと見つめている。不安なのだ。これからどうなるのかと不安なのだ。もう遠慮とか気兼ねをしてはいられない。迷惑をかけてはいけないと思っていたが、切羽詰まった。私はもう一人の信頼できる友人に電話した。家は一軒家。彼と奥さんの二人暮らしだから四人なら行っても大丈夫だ。ただし遠い。横浜の奥だった。今日は子供の引っ越しを手伝うとかで、夜の九時に横浜で待ち合わせとなった。連絡をとりあい、私の妻ともその少し前に落ち合うこととなった。

夜九時まで、なんのあてもなく娘二人と過ごすことのつらさ。気持ちは重圧で押しつぶされそうである。さすらうとはこのことかもしれない。しかも子連れで。本を読むでもなく、何かを見るでもない。なんの目的もなくただ時間が過ぎるのを待つ。時間が長い。とてつもなく長く感じられる。それがいかにむなしいか身に染みた。

待ち合わせ場所の近くの駅で妻と合流した。子供たちの喜ぶさま。駆け寄って妻に抱きついた。子供たちにとって母は絶対に大切なものだ。つくづくそう感じた。私と再会しても、やはりこのように子供たちは喜んでくれるだろうか。友人と待ち合わせたファミレスにいると、彼がにこやかにやって来た。引っ越しで疲れた顔をしていた。彼の笑顔を見るとほっとする。なんとか乗り切ることができそうだと、その時初めて感じた。彼の車に四人が乗り、ベイブリッジを渡った。いちばん下の子は車に酔う体質で、橋を渡りきったところで吐いてしまった。夜空に黒々とそそり立つ巨大な橋の片隅で、子供の背中を撫でながら、また自分の無力感にさいなまれた。この子たちに、とにかく幸あれと願うばかりだ。

彼の好意に甘えながらも、これでは駄目だ、これではいかんと思い続けていた。なんとかしなければ。と、その時、家に大事なものを置いてきたことを思い出した。預金通帳や印鑑を置いてきた。奴らが家に入り、家捜《やさが》ししてそれらを持ち出したら……。奴らは金を貸す時に「建物立ち入り承諾書」も書かせている。たとえそれがあろうとも、この法治国家で他人の家屋に勝手に入ることは許されないはずだ。いや、それともその承諾書があれば許されるのだろうか。今の私には分からない。奴らは家財道具を一切合切かっさらっていくかもしれない。いそいで携帯電話で長男に連絡をとった。あの引き出しの下から何番目のとか、本棚の右から何番目の上から何番目のとか、長男には何が重要で、何が重要でないかの判断はまだできない。とにかく貴重そうなものは持って出ろと指示した。そう言いながら、なんとまあ世間知らずの親なんだろうと自分で自分にあきれはてた。自分は、奴らが本当に家に踏み込むとでも思っているのだろうか。しかしうろたえるとはこういうことで、どうしていいか分からなくなってしまうのだ。もっとほかに重要なものを持ち出し忘れているのではないかと落ち着かない。だが、奴らに踏み込まれたら仕方がない。持っていくのならなんでも持っていけと、やけっぱちになり覚悟をした。疲れているのだが、横になっても眠れないままその夜が過ぎた。

次の日は月曜日だった。娘が通う小学校と中学校に連絡を入れ、インフルエンザみたいなので長く欠席するかもしれないと伝えた。集団登校なので、登校時刻直前に隣の家にも連絡し、伝えてもらう。何か変わったことはないかとそれとなく聞く。なんともないと言う。拍子抜けがするが、そうか昨日は日曜日だったかと納得する。借金の追い立ても日曜日は休みなのかもしれない。妻は会社の事後処理のために出かけることになった。こんな状態では会社を存続することはできない。私がタッチせずに、完全に妻に任せたのが悪かったのか。いや、自分が出ていてもどうにもならなかったのだろうと思う。なんせ私は会社経営のことは全く分からないのだから。

なんとしても業者の住所を見つけて弁護士に受任通知を出してもらわねばならない。次の日は業者の電話を改めて確認し、公衆電話で一つ一つかけていった。二軒ばかりは住所を教えてくれたが、後は教えてくれない。一軒は明らかにおかしかった。電話の応答にならない。いきなり、金を返さねえとどうなるか分かってるな。おれの名は○○だ。文句あるならやってこいと、ろれつの回らない声で答え続ける。ヤクでもやっているのだろうか。しきりに、おれの名は、おれの名はと連呼する。うんざりして電話を切った。この業者の住所を探し当てるのはさすがに嫌になった。

住所の分からないのは七軒。だいたいの場所は分かっている。とにかく行ってみるか。友人宅に子供をあずけて、新宿に向かった。新宿では三軒借りている。まず西口に行く。類似の電話を探す。３４５６なら、３４××を探す。近くに目当てのヤミ金があるはずだ。そうして看板を探す。あった。西口の都庁の近くだった。次は、大久保の方か。入り組んだ路地を入る。なんとまあ貸金の看板の多いことか。しかし目当ての看板がない。この近くで間違いないと思われるのだが、路上に看板が出ていない。ビルの壁面にも看板がない。歩き疲れてしまった。公園のベンチに座る。座って何気なく見上げる。目の前のマンションの四階の窓ガラスに大きくその業者名が書かれていた。二軒目が解決。

しかしもう一軒はどうしても分からない。近くまで来ているようだが、看板がどうしても見つからないのだ。あたりを二、三回歩いてあきらめる。どうやら、この業者は看板なしで営業しているようだ。看板なしでどうやって営業するのだろう。しょうがない。次は中野へ行く。しかし、ここはいくら歩いても店が分からない。電話番号が連続していないのだ。いろいろな数字があり、しばらく歩いてあきらめた。次に高田馬場へ行く。歩き回ってようやくあるマンションにたどり着いた。ここだ、間違いない。一階の集合郵便受けを見て驚いた。マンション全部がヤミ金の事務所のようだった。すべて〇〇信販とか、〇〇コーポレーションとか、〇〇ローンとかである。その中で目指す事務所名を見つける。しかし、なんと二つあるではないか。これはいったいどういうことだ。

へとへとに疲れ果てて友人宅へ帰る。娘たちは猫と遊んだり、買い物に連れていってもらったり、なんとか一日を過ごしたようだ。しかし、好意に甘えながらも、これではいかん、これではいかんと心の奥で連呼していた。長男と連絡をとる。あまり変化はないようだ。もっとも昼間は高校に行っているのだから、何か起きても分からないだろうが。妻は知り合いのところに泊めてもらうようだ。とにかく妻の事務所を清算して閉鎖することが先決だ。妻にはそのように指示してある。事務所にあるものは家に運ぶしかない。別の友人にレンタカーの手配と運転を頼む。私も妻も運転免許を持っていなかった。

特急列車で静岡に向かっていた。足裏シートの出資者から七十万円借りていることが分かったのだ。しかし、それが分かったのは妻からではなく、共通の友人からだった。どうして直接言わなかったんだと妻を詰問すると、黙ってしまう。何か考えるふうにうつむいてしまう。いい加減にしろと言いたくなるが、会社経営のためにこれほどの苦労をしたのかと思うとふびんにもなってくる。すべては無関心を装ったお前が悪いのだと言われればその通りだ。だがまず七十万円が本当かどうか確認しなければならない。

すべてはこの人が足裏シートに出資してくれたことから始まる。共通の友人が一万円持たせてくれ、とにかく行って直接話をしたほうがいいと言ってくれた。その通りだ。会って事情を話し、会社を閉じることを言わねばならない。しかし、事情といっても何を話せばいいのだろう。とにかく今は金が必要だった。一円でもけちらねばならない。新幹線なんか使えない。

会うとやはり七十万円貸していると言う。いいですよ、月初に五万円ずつ返していただければと、いとも簡単に話がついた。金を貸していることは言わないでくれと、奥さんにはくれぐれも念を押されていましたからねと彼は言った。強い信頼関係があるという感じがした。私は今までの経過を話して、会社を閉じるので、落ち着くまで製品を作れないことの了解を得た。もうずいぶん前から製品の納入はされていないと言われた。こちらのほうは一件落着か。それにしても十四回払いか、長いなあと感じた。ヤミ金のほうをなんとかしなければ……。どうすればいいのか。私の心は決まっていた。

弁護士に破産手続きをお願いしよう。会社を存続させようというそんな余力はない。とにかくゼロにしなければ、いや、マイナスがいくらになるか分からないが、これ以上の損失を食い止めることが急務である。しかし実際問題、いくらの損失を背負っているのか、いやいくら借りているのか。妻には、どこから、いつ、いくら借りて、どういう契約なのかを書き出すように言ってあるが、よく分からないのが多い。

金を借りる時は証書をやり取りするようだが、返す時は証書を発行しない。それがヤミ金のやり方だ。直接、事務所に持っていって返したのか、銀行で振り込んだのか、そしていくら返したのか、そういった記録が簡単なメモ帳に大ざっぱにしか書いてない。つまり全くはっきりしないのだ。考えただけでぞっとする。金のやり取りの記録がない。記憶だけでなされている。これでは向こうの言いなりだ。これだけ貸したと言われれば反論のしようもない。恐ろしい状況だ。妻に、こんなことで会社なんかやっていけるわけがないだろうと怒鳴っても、うつむくばかりだ。いまだに借金についてはよく分かっていないような感じもする。何がなんだかさっぱり分からないという表情をするが、それはこっちも同様だ。これでは家族は破滅だ。社会で生きていくことはできない。でも破産手続きをすればゼロに戻れるから大丈夫だろう。そういう期待を抱いて弁護士に会いに行った。

「あなたに復讐したかった」

「本当に返す気があって借りたの？　返す金も気持ちもなくて借りたのだったら返せないよね、すると詐欺になっちゃうよ。あなたのやり方を見ているとそう思わざるをえないよね」

そうかもしれない、確かにそう思われてもしょうがない。しかし私たちにはもうどうすることもできないのだ。弁護士は依頼人の利便を考えるべきではないだろうか。弁護士から詰問されても、私たちとしてはどうしようもない。こういう事実があるだけだ。払えない。だから自己破産をしたいと申し出ているだけだ。とにかくよろしくお願いしますと頭を下げるしかなかった。

破産宣告を受ければすべての借金はゼロになるのかと思ったらそうではなかった。破産宣告の後に免責という問題があることが分かった。破産宣告が出ても、免責が認められなければ、借金は払わなければならないという。どうやら破産申し立ての後、財産の有無、浪費・ギャンブルの有無、詐術の有無、異議がある人の有無などの調査が始まり、その結果、ようやく免責が決定して、借金は払わなくてもいいということになるらしい。私の依頼した弁護士が、金を何に使ったのか、遊興費じゃないよねとしつこく聞いたのはこのためだ。

借金の法的な解決方法にはいろいろあるらしい。複数のところから金を借りている人のことを多重債務者という。貸しているほうが債権者だ。私はこの呼び名も知らなかった。いまだに、えーと、どっちが債務でどっちが債権だっけという感じだ。その多重債務者が救われるには、まず取り立てをやめさせねばならない。今回の私のように弁護士を入れる方法もあれば、直接債務者本人が裁判所で手続きをする方法もある。しかし、多くの債務者は暴力的取り立てに疲れ果て、自分で申告する余力なんかないだろう。私の場合は、弁護士を入れなければとてもやっていけなかった。

私の頭には自己破産という言葉しかなかった。それはその時、ほかの解決方法を全く知らなかったからだが、ヤミ金の何社から、いったいいくら借りているのか皆目分からず、真っ暗な闇の中でものすごく不安だったからだ。まさに闇の金である。完全に整ったデータがあるわけではない。だから本当に怖い。何を言われても仕方がない。ゼロにするしかない。それには自己破産しかないと思ったのだ。会社もつぶしてゼロにするしかない。再生するつもりもない。立ち上がる力など私たちにはなかった。とにかくこの状況を終えたい、終えるにはこれしかないという思いだけだった。

さて、友人宅に身を寄せてからも、もんもんとした日が続いた。こうはしていられないとは思いながら、どうしようもなく日にちは過ぎていく。長男との連絡では、業者が家に押しかけてきている感じはしないと言う。いつまでも夜逃げしているわけにはいかない。いちばんは子供たちの学校の問題である。長男に渡してある金もそんなに多いわけではない。どうやって飯を食べているのか心配でもある。そろそろ帰らなければ。四日たって、ようやく私は家に帰る決心をした。あれから妻は知り合いのところに泊めてもらっている。私と二人の娘は、重い足取りで友人の家を辞した。娘たちはせっかく仲良くなった猫との別れを悲しんだ。

夜逃げをしたのは業者が押しかけてくるのが怖かったからだ。だから、家に向かう途中も業者が見張っているのではないかと戦々恐々としていた。ちょうど昼の一時ごろに帰ることにしたのも、その時刻がいちばん手薄だと思ったからだ。いつも帰るコースとは違う、逆側から帰ることにした。だが、家の前に一台の黒塗りの車がいた。中に四人ばかりの男がいる。やっぱり張ってやがった。だが今から後戻りするとかえって怪しまれる。彼らは妻の顔は知っていても、私と子供たちの顔は知らないはずだ。そのまま歩みを進めて、家の前を素通りするしかない。そんな戦略が頭の中で一瞬のうちに駆けめぐる。

その時、車は急発進して近付いてきた。しまった、見つかったか。心を落ち着かせて、知らぬ素振りでちらっと車を見る。乗っているのは確かに人相の悪い奴らばかりだ。だが、車は私たちの横をすり抜けて走り去った。ふー、助かった。見つからなかった。心臓が早鐘《はやがね》のように鳴っている。しかし、私たちはいつまでこんなにびくびくしながら過ごさねばならないのか。

家に帰ると、留守番電話が満杯で切れていた。たぶん五十回くらいは電話があったと思われる。しかし、日にちを追うごとに少しずつ減ってはいる。やはり弁護士の受任通知が効いているようだ。だが借りているヤミ金業者は四十社を超えていた。まだまだ増えるのだろうか。

妻の事務所をいそいで引き払わねばならない。業者は家だけでなく会社にも来ているはずだ。私は初めて妻の事務所を訪れた。事務所は中央線の駅から七～八分という便利なところにあった。一部屋だが、２ＤＫぐらいの大きさであろうか。こんな便利なところを無料で貸してくれるなんて、奇特な人がいるものだ。ところが、妻が言うには月に十五万円払っているという。

「あれ？　ただで貸すからという話じゃなかったの？」

「最初はそうだったけど、お金を払うようになったのよ」

「なんだよ、それ」

妻が作る足裏シートに関しては多くの人が寄り集まってくれているようだった。それは商売というより、実際に足裏シートに効果があるということが大きいようだった。大量に売れるわけではないので、シートは手作業で作る。何人かが交代でシートを作っているようだった。人が集まった要因のもう一つは妻の人徳というか、人柄によるところ大だと思う。多くの人が妻のことを褒めてくれた。あんないい人はいないとよく言われた。よく相談にも乗っているようだった。確かに妻は誰からも悪口を言われなかったと思う。だから、ただでいいから部屋を使ってくれないかと言われたことに、なんの疑念も抱かなかった。それが、月十五万円払っているらしい。私は、妻がだまされてるんじゃないかと一瞬思った。

友人がレンタカーを手配してくれた。彼と私と長男の三人でさっそく荷物を運び出した。事務机二つ、椅子、冷蔵庫、コピー機、パソコンなど。一回で運べるかと思ったら、やはり二回になった。妻が言うには、家の近くに貸し倉庫も借りているという。そこにも足裏シートの材料を置いているらしい。結局、一日がかりですべてをわが家に移した。私は妻の事業には完全ノータッチを決めていたから何一つ応援してやれなかったが、彼女がこの事務所で一年間頑張ったのかと思うと感慨深いものがあった。

こうしてとりあえず、急場をしのぐことができた。弁護士には自己破産の方向でお願いした。事務所は閉鎖したものの、会社をどうするかという問題は残っている。そして私にはまだ大きな疑問が残っている。なぜ妻はヤミ金から金を借りたのか。なぜだ、なぜだという問いと、それに対する明快な答えが返ってこないまま時間だけが過ぎていった。

毎晩のように妻を詰問するが、やはり事業がうまくいかなかったという以外の返事はない。しかし、私には納得できないのだ。私に相談もなくこんなことをするとは。こんな恐ろしい状況に家族全員を巻き込むことは、ヤミ金から借りる時に容易に想像できたはずだ。なのに妻は内緒で金を借りた。しかも二軒や三軒の話ではない。数十軒の業者から借りまくっている。後戻りのできない数だ。このままいけば地獄が見えている。破滅することが分かっていて破滅に向かっている。なぜだ、いったいなぜなんだ。

暗い毎日が続いた。無力感に満ちていた。それにわが家を立て直す方法が見つからない。多大なる出費を強いられていた。もう後がない。いったいどうすればいいのだ。

事件から一ヵ月もたったころだった。初めて聞くローン会社から電話があった。妻に金を貸しているという。なんで今ごろ請求が来るのだろうと疑問に思った。しかも話がよく分からない。弁護士を入れていると言うと、任意整理中でしょとか言う。自己破産を申請中で、その件については弁護士に一任していますから、弁護士に聞いてくださいと答えた。いや弁護士は辞任したんでしょと言うから、いやそんなことはないと答える。よく分からないまま、とりあえずその日の電話は切れた。

次の日、見も知らぬ弁護士事務所から手紙が来た。何事かと開封してみると、辞任通知だという。どういうことだと妻に聞く。すると妻はしぶしぶ話しはじめた。実は一年前にも二十数社から借りている。その請求がひどくて、とうとう弁護士を入れて債務の任意整理をしてもらったのだと。あぜんとする。あたかも当たり前のように言う妻の顔をじっと見つめる。そういえば、なぜ金を借りたのかと問い詰めた時もこんな顔をした。開き直るというか、居直るというか、全く理解を超えてしまう。それにしても、私に分からないようによく話を進めることができたものだ。家には一件も変な電話は来なかったはずだ。私に内緒で完璧に話を進めている。私に黙って金を借りて、家には催促の電話もないようにし、ひそかに弁護士を頼んで債務の整理をし、それが今、ようやく私の目の前に姿を現してきた。完璧だ。恐ろしいほど完璧だ。

一ヵ月前に電話をしてきた業者の中にも、一年前と同じ業者がいると言う。なぜ重複しているのか。つまりこういうことだった。一年前に二十数社から金を借りて払えなくなり、妻は弁護士を頼んで債務の任意整理をし、月々これこれの額を払っていくという念書を取り交わした。しかし、妻はそれを払えなくて滞ってしまった。弁護士は管理責任を放棄し、辞任する。したがって業者はふたたび貸した本人に請求しはじめたというわけだ。

頭がくらくらした。それで昨日の電話は、しきりに任意整理とか、わけが分からないことを言っていたわけだ。実際この時、私は任意整理とはどういうことか知らなかった。とにかく分かるように筋道を立てて話してくれと妻に言った。

任意整理とは、弁護士が利息制限法に基づいて債務の計算をやり直し、債権者と和解の交渉を一つ一つ行うことだそうだ。

一年前に借りていたのは二十三社だった。ほとんどが大手消費者金融だった。毎月払う金額の一覧表もあった。それを見ると八社は全額を払い終えていた。残り十五社。一社平均月五千円ぐらいの返済額だった。十五社であれば月々七万五千円ずつ払わねばならない。

「なぜこんなふうになったのか」

「会社が行き詰まったから」

「なぜ話さなかったのか」

「あなたは私の会社にはノータッチでしょ。自分の力でちゃんとやりなさいとあなたから言われたから」

妻は信じられないことを話しはじめた。一年前に依頼した弁護士は業界では有名な悪徳弁護士で、弁護料をふんだくっては何もしない弁護士だったそうだ。そういう話はニュースなどで聞いて知っていた。しかし、まさか妻がその悪徳弁護士に引っかかっていようとは。妻は仕方なく新しい弁護士を雇い、その弁護士が悪徳弁護士に交渉して、弁護料を取り返してくれたのだそうだ。今、その悪徳弁護士は訴えられて捕まっているという。八十歳近い高齢の弁護士らしい。妻が依頼した新しい弁護士は、この一件から見て誠実な弁護士に違いない。そのちゃんとした弁護士がきちんと整理してくれたのを、妻が裏切ってしまったというわけだ。どうしようもない。救いようがない。

少々のことにはもう驚かなくなっていた私もこれには参った。ここまで来たか、ここまで来るかという感じだ。弁護士を入れて大手消費者金融の債務整理中に、ヤミ金から借りまくり、新たな弁護士に自己破産をお願いしている。どこまで続くぞ、このぬかるみは。さて、このことを今、私が依頼している弁護士に内緒にしておけるだろうか。できたら内緒にしておきたい。実は別の弁護士がいまして、なんて言ったらどうなるのだろうか。なんとか内緒にしておきたい。だが内緒にしておけるわけがない。いったいどうすればいいんだ。でも、こうなったからには率直に話すしかない。

弁護士もあぜんとした。そりゃそうだろう。弁護士に頼んでおきながら、別の弁護士を頼んでいるのだ。そうとう腹が立ったに違いない。彼にとってこんな状況は初めてなのかもしれない。やってられないと、烈火のごとく怒った。しかし、私たちも必死だった。ここで身を引かれてはたまらない。業者の請求がすぐ始まるだろう。あの脅迫にはとても耐えられない。どうしていいか分からない。前の弁護士は辞任しているんですと必死に頼み込んだ。そして弁護士はようやく引き受けてくれた。

「後二十万円、即金で用意できたら引き受けましょう。今度借りたらおしまいだよ」

これでようやく謎《なぞ》の一つが解けた。妻はなぜヤミ金からしか借りなかったのか。前述したように、金を借りる方法は三つある。まず銀行、そして大手消費者金融、そしてヤミ金。担保を必要とする銀行は別として、担保のない場合は、普通は大手消費者金融から借りる。それが借金の入口だ。それを妻はすっ飛ばして、最悪のヤミ金から借りている。それはなぜか。

一年前に、妻は大手消費者金融から借りまくったのだ。そして払えなくなった。金融業者同士は情報を共有している。銀行業界、クレジット業界、消費者金融業界ごとに情報機関を持つ。借金の返済を延滞したり倒産すると、要注意人物としてブラックリストに載る。ブラックになると警戒してくる。こいつは金を借りても返せなくなった奴だと分かる。だから金に困ってももうそこからは借りられなくなる。

残る窓口はヤミ金だ。もうヤミ金でしか借りることはできなくなる。ヤミ金はブラックの人たちにも手を伸ばしてくる。いやむしろ、積極的にブラックの人たちをねらってすり寄ってくる。他にすがる道がないから必ず食い付いてくるのを知っているのだ。世の中の誰にも相手してもらえない人間たち、そのブラックの人たちの、池から浮かび上がろうと差し出した手に握りしめられた最後のなけなしの金をねらっているのだ。法律で決められた利息の千倍以上の金利をふっかけ、殺すぞと脅し、絶望の淵に追いやり、永遠に沈めてしまう。まさに闇の世界である。ヤミ金とはよく言ったものだ。闇をさすらうしかない。

消費者金融で無理な借金をしたら片足、ヤミ金で借りたら両足を棺桶に突っ込んだようなものだと言う。身動きとれずに底無し沼の底だ。サラ金とヤミ金に両足突っ込んでいるわが家の場合、何回死なねばならないのか。

こうして思い出しているだけで、あの時のつらさがよみがえってきて胸がいっぱいになってしまう。どうしようもない、どこにも行き場がない、どこにも救いはないという状況は耐えられない。今、年間三万人の自殺者がいる。二万五千人のホームレスがいる。ホームレスの四割はかつて会社に属したサラリーマンだという。多くの人が金を借りている。そして複数から借りて多重債務に陥っている。ホームレスの予備軍は十倍に達するだろう。その人たちの気持ちを思ってみる。私と同じ状況だと思う。

人はみなそれぞれの問題を抱えて生きていかざるをえない。しかし、いったいなんのためなのだろう。いや、こういう質問を投げかけること自体がおかしいのかもしれない。いったい、人はなんのために生きているのだろう。うまくいっている時はいい。それが駄目になった時、人は生きる希望をどこに求めるのだろうか。

うちひしがれた毎日だった。家に帰るのがとてつもなくつらい。帰ったら帰ったで、なぜだ、どうしてだと、妻に問う毎日の繰り返しだ。どうしても分からないのだ。毎日文字通りにうなだれて私は帰ってくる。夕食を食べながらも頭が下がってくる。皿の五センチ上に顔がある。それ以上あげられない。それほどうちひしがれている。脱力感でどうしようもない。

家族の対話など完全に消えてしまった。この家は家族の意味を失っている。なんとか再生しなければならない。だが、そのためには認識しなければならない。反省しなければならない。そのことを妻は分かっているのだろうか。本当に分かっているのだろうか。

ふと顔をあげて正面にいる妻の顔を見た。妻はにんまり笑っていた。私の視線を感じて、あわてて顔をそむけて冷たい顔をした。私の思考はまた混濁していく。これはどういうことを意味するのだろうか。理解不能。ブラックホールの中に引きずり込まれていく。

なぜだ、なぜこういうことを起こしたのか。こういう問いはひっきりなしに毎日聞くわけにはいかない。状況を見て、タイミングを見て聞くしかない。ある時、何回もした質問を、また妻に聞いた。すると意外な言葉が返ってきた。

「あなたに復讐したかったのよ……」

復讐？　おれに対する復讐？　なんのために？　全く分からない。おれに復讐してどうなるのか？　その場合、子供はどうなるのだ。お互いがあれほど可愛がって大切にしている子供はどうなるのだ。第一、おれに復讐するのはなんのためだ。そのことを聞いたら妻は黙ってしまう。というか考え込んでしまう。全く分からない。えっ？　おれに復讐する？　復讐するために金を借りた？　なぜ？　どうしても分からない。だんだん妻が分からなくなってくる。以前の妻とは違って見える。別の人間のようにも見える。いつから私たちの間は遠ざかっていったのだろうか。私が知っている妻とは違う人間がここにいるようだった。百歩譲って、おれはいいとしよう。家族は？　子供はどうなる？　復讐して、みんなはどうなる？　いったいなんのために？

「あなたに復讐したかった」

そしてついに来た。

「あなたと別れたいんですけど」

こうなった以上、予期はしていたけど、まさかと思った。

「そうか……」

と言うのが精いっぱいだった。おれはここまで落とされなければならないのかと思った。おれが何をしたのだという思いだった。お前がすべてを引っかき回したんじゃないか。おれがいったい何をしたというのだ。だが一方で、いいだろうという思いもあった。もう修復できないところまで来ていると思った。いいだろう、別れようじゃないか。だが子供はどうする。私は子供と別れる気は毛頭なかった。なんとしてでも、子供を手放すことはしない。すべてを犠牲にしても子供とは別れない。あれだけ愛した子供だ。三人の子供とは絶対に別れはしない。ましてや今回の事件を起こしたのは妻だ。完全に妻の責任だ。そんな妻に子供たちを渡すわけにはいかない。

ただその時、私の心に、さあ困ったぞという気持ちがわいてきた。困ったのはただ一つ。私は料理ができない。昔から私は料理が不得手であまり作ったことがない。インスタントラーメンと目玉焼きぐらいはできる。味噌汁は作ったことがない。豚肉を買ってきて、塩胡椒で味付けしたことはある。正直言っておいしくない。調味料の使い方を知らないのだ。私が作るよりは、ずっとうまく、ずっと速く妻が作ってしまう。だから私は作るのはあきらめていた。

しかし、別れるとなったら私が料理をしなければならない。しょうがない。やろうと思えばできるだろう。子供に食わすためなら、やってやれないことはないだろう。ただし、一ヵ月は訓練期間が欲しい。その間に料理をマスターして子供に食わしてやろう。案外できるのかもしれない。世の中の料理人はほとんどが男ではないか。板前もシェフも男だ。そのへんの中華料理も日本そばも男が作っている。だから、一ヵ月余裕をくれと言った。おれは子供とは別れない。そして子供を食わしていく。だから料理を教えてくれと。

次の日、友人に電話した。とうとう別れることになった、ついては荷物をあずかってはくれないだろうかと。事務所の引っ越しを手伝ってくれた友人だった。電話を切った後、大きなため息が出た。人は結ばれる時は簡単だが、別れる時は簡単ではない。別れるためには何かを振り払うような大きなエネルギーが必要となる。そして実際に別れた後の、あの虚脱感はたまらない。ぽっかりと穴が開いてしまう。その穴を埋めるためには何年もかかってしまう。どん底に落ちたかに見えた私だったが、まだまだ底があるということだった。

ヤミ金からだけではなく、いろいろな手紙が来るようになった。足裏シートを手伝って作業した者だが、給料が支払われていない、なんとかしてくれと私あてに手紙が来た。妻の不誠実をなじるものだった。出来上がりが悪いと難癖をつけて賃金を払わない、したがって、なんとか夫の私に払ってもらいたいというものだった。その手紙は礼を尽くして書かれたものだった。不愉快なところはなかった。相手の言う通りだと思った。アルバイトをしてその賃金が支払われていない。三万円ということだった。普通の私だったらすぐ払ったと思う。ただ、うちには今、余裕がない。今はその三万円が惜しいのだ。二万円にしてもらい振り込んだ。

別れたとして、非は妻にある。生活をかえりみない妻に子供を任せるわけにはいかない。子供が妻のほうに行きたいと言っても、そんなことを許すわけにはいかない。私が面倒を見る。いいだろう。子供三人と一緒に暮らそう。しかし、それで子供はいいのか。将来はいいのか。母のいない人生を送ることになる。それでいいのか。子供たちが悲しみを抱えて生きていかざるをえないのは確かだろう。だから子供のために夫婦は決して別れてはならない。それが私の持論である。今、ここで妻と別れてどうする。我々はいい。夫婦間はもうどうでもいい。ただ子供たちをどうする。子供たちの心を救うことができるのか。そのことで頭はいっぱいだった。

とうとう今回借りているヤミ金業者は六十社に達した。一年前に借りた消費者金融を含めると八十社を超えた。リストの一覧表を見ているとぞっとする。しかし、これは自分の身の上に実際に起こった出来事なのだ。数ヵ月前には、想像すらできなかっただろう。とても現実だとは思えない。現実は想像を超える。しかし、この現実は異常すぎる。私が料理をできないということが結果的には離婚を引き延ばした。

相変わらずほんろうされる毎日ではあったが、やっと督促の電話がなくなり、ようやく立て直しの時期に入った。しかし、最初の電話から四ヵ月がたった翌年の三月、またもや大変な事件が起こった。だがその前に、妻にまつわる不思議なことを書いておこう。思えば不思議な妻だった。後でみなに言われる。よく離婚しなかったねと。私もそう思う。よく別れなかったものだと。だが、たぶん私の心にこのことがあったのかもしれない。それほど妻は不思議な女だった。

妻の不思議な能力

三番目の子供を産んでから妻に異変が起こりはじめた。

時々空間を凝視し、時間が止まったかのような表情をする。

「おい……、おい」

と声をかけると、ようやく気付いたかのように我に返る。

「どうしたんだ?」

「……え?」

「どうかしたのか?」

「……なんでもない」

じっと考え込んで、石像のようになっている時もあった。だが、それ以上変な行動をするとか、奇妙な言動をするとかいうことはなく、生まれたばかりの子供の育児に追われる平穏な毎日だった。最初の子供は男の子で、この時はひどい難産だったが、二番目の長女、三番目の次女の時は、それこそポロッという感じのスムーズな出産に恵まれた。その三番目の子が生まれてから、妻の周囲を見えないバリアが覆いはじめたのだった。実は後々分かるのだが、この時、妻は確かに見ていたのだ。あれを……。

その三番目の子供が三歳になったころだった。その子が家に帰るなり、パパ、パパと興奮して何か叫びながら、台所の引き出しに向かいスプーンを探しはじめた。妻は保険会社に勤めていた。のんびりした会社で、子供を連れていっても問題ないくらいの仕事量だった。会社での昼時、前夜のテレビで見たスプーン曲げ少年が話題になったらしい。会社にあるスプーンを手に、誰かが気まぐれにやってみた。何人かがあきらめて、今度は妻がスプーンを持った。するとものの一分もしないうちに、スプーンの首がぐにゃっと曲がった。驚いて別のスプーンを渡すと、たちどころにそれも曲げてしまう。同僚たちは感嘆の声をあげた。その雰囲気を見ていた三歳の子供は、それがどうも凄いことだと感じたようで、家に帰るなり、その興奮を私に伝えようとしたわけだ。

私はといえば、そんなことには全く興味がなかった。スプーンが曲がろうが曲がるまいがどうでもいい。そのことがその人間の人格を高めたり、素晴らしい人だと思う根拠もない。スプーンを曲げたという事実を家で証明してみろという気持ちすらなかった。要するに、私にとってはそんなことは全く無意味なことなのだった。どうでもいいことだ。そんな私を見て、帰ってきた妻も、わざわざ技芸をひけらかす気持ちもうせ、三番目の子供も手に持ったスプーンのやり場に困っていた。その日はそんな感じで終わったように思う。

その子が保育園に通いはじめた七月初めの暑い日、常設のプールに水が張られた。わくわくしながら足を踏み入れた娘は、床で足を滑らせて、両足を投げ出したまま後頭部をしたたかにプールの縁に打ちつけてしまった。常設のプールだからタイルとコンクリートでできている。娘は意識を失い、いそいで救急車が呼ばれた。そして家に連絡が来た。保育園は家から三分ぐらいのところにあり、たまたま家にいた妻がいそいで保育園に駆け付けた。まだ救急車が到着する前だった。若い保母がかわいそうなぐらいおろおろしていた。やがて救急車も到着し、妻は娘を抱き、保母も一緒に救急車に乗った。救急車の中で、救急隊員がペンライトを娘の眼に当てた。すると瞳孔が開きっ放しになっている。三歳の女の子が意識を失っている。さすがの救急隊員も暗い表情になった。そして妻に言った。

「覚悟しなければいけないかもしれません」

妻は必死に娘の頭を抱え、撫《な》でた。救急病院まで十分ぐらいだろうか、その間ずっと妻は念じながら、娘の頭を撫で続けた。病院に着くと、さっそく脳のＣＴスキャンが始まった。そのころ、連絡を受けた私も駆け付けた。続いて脳波検査も行われた。保育園の園長もやってきた。若い保母の肩を抱いた。保母の顔は血の気がうせ、目がうつろで遠くを見ていた。このまま死んだら、自分の責任だと強く感じている様子だった。検査の結果を待つ間、保母は落ち着きなく歩き回っていた。そして結果が出た。どこにも異常は見当たらないということだった。保母に安堵の表情が浮かんだ。やがて娘は意識を回復した。そばにいる母に気付いた。母は娘を抱きしめた。ああ、何事もなくてよかった。よかった。それが正直な感想であった。その時はそう思っていた。しかし、後で分かるのだが、それは妻の力なのであった。あの時、妻が娘をこの世に連れ戻したということが後で分かった。

一ヵ月後、妻の母親が倒れた。妻と母親との間にはいろいろ複雑ないきさつがある。そのこともあって、私はその義母とは付き合いを絶っている。その理由については後で説明しよう。義母は糖尿病にかかっていて、心臓を患い入院していたらしい。病院で肺炎を併発したころ、ようやく妻に連絡が届いた。病院で妻はレントゲン写真を見せられた。両肺とも真っ白になっていた。時間の問題でしょうと言われた。妻は母のベッドがある部屋に入った。妻は眠る母の体を撫でた。レントゲンで真っ白に見えた母の胸を撫でた。念じて撫でた。この時の気持ちを今思うと、私は不思議な感慨にひたってしまう。妻は五歳の時、母に捨てられ、十五年後に再会している。親に捨てられた子が、今その親に生き続けてくれと願っている。妻がどんな気持ちで撫でたのか、どうしても思いやってしまう。人間が生きていく上でのつらさ、苦しさ、生き難さ、無常を感じてしまう。

そして、次の日も、妻は母を撫でた。今度は、着物の上からではなく、直接に肌を撫でた。気付いた看護婦が、何をやっているのかととがめた。妻は言った。

「私の母です。邪魔しないで」

そして、その次の日も、妻は母を撫でた。やがて四日目から、母の体が回復していった。レントゲンの白い部分は次第に薄くなり、一週間後、ついには消えてしまった。医師は驚いて妻に尋ねた。何かしたのか、どうしたのかと。妻はただ母を撫でただけだと答えた。今度、病院関係者を集めるから話してもらえないかと、妻はその医師から頼まれた。

義母が命を取り留めたことを、私は偶然だろうと考えていた。その時も。偶然の偶然で、義母は回復に向かった。病院の薬が効いてきたのだと思った。薬が効いて、駄目だった肺が機能を取り戻していった。医学の進歩だ。ただそれだけだ。妻にしても、確信があるわけではなかった。自分の手から何か出ているということは、すでに気付いていたと思う。スプーンが曲げられるのは何かの力があるからだ。それは紛れもない事実だ。しかし、人の病気を治すとなれば、ちょっと意味が違う。そんなだいそれたことができるとは妻も思っていない。ただ心配で撫でた。意が通じて回復に向かった。祈りが通じてほしいと思うのは古今東西、すべての宗教が念ずるところである。義母に対する妻の愛が実ったという認識だった。

それからは大きな出来事は起こらなかった。妻に力があるとは思ってもいなかったので、普通の平凡な日常が過ぎていくだけだった。ただ彼女自身、自分の中に何かあるということに気付いているようであった。念じるということを時々しはじめた。何かを念じる。ただそれだけで、何かのために念じるというものではないようだった。しかし何を。しかしいったい何を念じているのだろうか。

私たちは約十年間、小高い丘に建つ団地に住んでいた。十一階の部屋からは新宿が遠望できる。遮るものが何もないその眺望を私は気に入っていた。しかし子供が増えるにつれ手狭となり、家賃の値上げを機に、できるだけ海に近いマンションを探し引っ越しをした。それから、いろいろなことが起こりはじめた。

朝、三人の子供たちがそれぞれの学校へ行く。保育園、小学校、中学校。時間に遅れないように、いつも戦場のようにあわただしい。夫婦共働きなので、子供たちには合鍵を一人ひとり持たせている。子供たちは学校から帰ってくると、すぐテレビゲームに熱中する。帰ってきた母に宿題をやりなさいと言われ、しぶしぶ勉強し、そして明日の時間割を確認して寝る。そして次の朝、学校へ行く直前になってあわてる。鍵がない。ちゃんと置くべきところに置かないからでしょ。口をすっぱくして言っても駄目だ。子供はそんなことを聞く耳は持たない。さてどうする。そういう時は妻の出番だ。彼女はおもむろにあぐらをかき、念じる。そして、ほんの一、二分でお告げが出る。我々はその間じっと待っている。

「人形が見えます」

「えっ？　人形？　人形ってなんだ？」

「パパ、玄関のそばの棚に人形があるわよ」

「どれどれ」

玄関の横の棚に熊の人形が置かれている。その人形をのける。その裏に鍵が落ちている。発見された鍵はバツが悪そうに出てきて娘の手に渡る。

鍵の材質はなんなのだろうか。アルミだろうか。よく分からない。何か金属のような気もする。金属であれば、スプーンにつながっていると考えられるであろうか。スプーン曲げの要領で、彼女の何かと感応したのだろうか。スプーンは指を接することで曲げられる。では、隠れている鍵をどうして見つけることができるのか。彼女の手から離れてはいるけれど、何か磁力でも出て、彼女の何かが反応するのであろうか。そしてまた、人形と言ったことは何を意味するのか。鍵のそばの人形がどうして彼女の脳裏に浮かぶのか。

その後、何回となく鍵捜しがあり、そのつどあちこちから出てきた。どうして捜すことができるのか。実は、それについても、私はあまり関心はなかった。確かに不思議ではある。だが、それがどうしたのという感じだった。昨日までは娘が身に付けていた鍵だ。捜せばそのへんにあるだろう。たまたま捜せたのだろう、ぐらいの無頓着さだった。あるいは、こうも考えたことがあった。あまり私が興味を抱かないものだから、彼女はあらかじめ鍵を隠しておいて、そしてわざと発見したという芝居をうつ。そして、私の関心をひこうとしている。しかしばかばかしい。そんな暇はうちにはないし、ふざける余裕もない。

そのころ困ったことが起こった。いくら捜しても預金通帳がないのだ。大事なものは、いつも私の部屋にある机のいちばん下の引き出しと決めている。そこに通帳とか、保険証とか、領収書とか、印鑑とかを入れている。しかし、いくら捜しても一通だけ○○銀行の通帳がない。引き出しの横や奥も見た。間違って別の引き出しに入れたのかと思い、いろいろ捜したけど、さっぱり出てこない。

「お前、どこかへやった?」

と思わず妻を疑ってしまう。

「何言ってるの、私が触るわけないでしょ」

「そりゃそうだな。その必要がないもんな」

公共料金はその口座から引き落とされている。やがて、残高が足りませんという通知がやってきた。いったいいくら残っているのか、また、いくら入れておかねばならないのか。早急に調べなければならない。仕方がないので、銀行に新しく通帳を作るにはどうすればいいか聞きに行った。まず作った銀行支店に行って、その時の印鑑も必要で、そこで申告して……。その支店は引っ越しを繰り返す十五年前に住んでいた町で、はるか遠くにあり、行くのはとても不便で、全く面倒なことだ。なんとか出てくれれば、それで円満解決だ。そして妻の登場となった。正直言うと、その時も私は全く信じていなかった。さてどうするか。じっと見ていると、妻は私の部屋であぐらをかき、一心に念じはじめた。二、三回少し首を振って、おかしいなという素振りを見せ。そしてついに言葉が出た。

「カーテン……」

「カーテン?」

カーテンといえば、私の部屋の窓にかかっているこのカーテンか？　このカーテンが預金通帳とどう関係しているのか。私にはさっぱり想像もつかない。開けてあるカーテンを閉じた。そしてまた引く。なんの変化もない。妻を見る。妻はじっとカーテンを見つめている。

「カーテンに間違いない」

そう言い切った。私はもう一度カーテンを動かす。私は窓の手前に机を置き、外光を遮蔽《しゃへい》するために、レースのカーテンと厚手のカーテンの二重にしている。私は、いつもレースと厚手を一緒に開け閉めする癖がある。その時も二つのカーテンを一緒に開けたり閉めたりしていた。すると、何かコトッと音がした。のぞいてみた。なんと、レースと厚手のカーテンの間に通帳が挟まっているではないか。つまりこういうことだ。私は机を窓際にぴったりと寄せている。そのすきまにレースと厚手のカーテンがある。二つのカーテンは机に押される形で窓に押し付けられている。預金通帳はカーテンとカーテンの間で、張り付けられたように挟まっていたのだ。私はレースと厚手のカーテンとを同時に開け閉めするので、通帳も一緒に移動していた。そして、机に押されて下に落ちることもなかったのだ。

しかし、なぜこんなところに通帳が。そしてまた、妻はどうしてここにあるということが分かったのか。全く不可解である。

しかし、この事件があってから、私はやおら妻の能力に興味を抱きはじめた。テレビでは、相も変わらず超能力番組をやっている。時々、私はそれを見るようになった。高塚光なる人物が登場して、ブラウン管の向こうで、あなたにもスプーン曲げができますよと、視聴者に暗示をかけている。私もスプーンを持ってみた。何事も起こらない。逆にいらいらしてくる。それがどうだっていうんだと怒鳴りたくなる。私には、そういった能力がないことを確認するだけだった。

だが高塚光には興味を抱いた。映画化された『超能力者　未知への旅人』のビデオを借りて見た。そこには驚くべき出来事が描かれていた。スプーン曲げ、そして透視。中国ではレントゲンのように、肉眼で患者の体内を見、そして病巣を指摘する人がいるのだ。病気を治すさまも描かれていた。スプーン曲げができる。ひょっとしたら、この不思議な力は病気を治すことに通じているのか。これはすごいことだぞ。私は認識を新たにせざるをえなかった。

そういう研究をしていますという本を読んだ。東京のある医大で、超能力者を集めてデータをとっているということだった。医大でやっているということが私の興味を引いた。妻の医学的治癒能力を目の当たりにしていたからだ。これは、まゆつば物ではないぞ。医学界が本腰を入れて研究に向かっている。そういう感じを受けた。さっそく電話案内で代表番号を聞き、電話した。

自分でもちょっと照れくさかった。

「あのー、ちょっと、おうかがいしますが、お宅様のほうでは、超能力の研究をされているでしょうか?」

「はあ?」

「あのー、実は、妻が、病気が治せるみたいで、私も不思議に思っていまして、いや、これはいたずら電話でもなんでもなくて、ただ、その通りでございまして……」

「どういったご用件でしょうか?」

「実は、お宅様のほうで、病気を治す超能力の研究をおやりになっているとか……」

「はあ……」

話が通じない。いや、通じないのはもっともだという気持ちがこっちにはある。だから弱い。こっちの立場としてはとても弱い。こんな話、誰も信じるわけがないだろうと実は私自身が思っている。だがその反面、違うんだぞ、これは違うんだぞという気持ちもある。それをどう説明していいか分からないもどかしさがある。誰か分かってくれる奴はいないか。そんな奴はいない。だがその反面、いや分かってくれる奴は絶対いるという思いがある。

もう一度資料を捜した。すると研究室と教授の名がある。もう一度電話した。研究室はもうないが、その教授ならいると言う。その教授に電話をつないでもらった。

「一月に一回、会合を開かれているとありましたが……」

と聞いた。

電話の向こうでは、何かためらいというか、困惑というか、迷惑というか、そんな雰囲気があり、なんとなく歯切れが悪かった。

「昔はやっていましたが、今は、もうやってません」

努力の成果が出ずに解散してしまったような感じを受けた。私はしつこく聞いた。そしてようやく答えてくれた。

「中心になっていた人が湘南のほうで開業されまして」

その人の名前と連絡先の電話番号を聞いた。しかし電話しなかった。やっぱり、しょうがないのではないかと思ったのだ。こんなこと聞いてもしょうがない。

妻のほうは妻のほうでいろいろとやっているようだった。彼女のその力を目の当たりにして、積極的に興味を抱き、近寄ってくる人が多く現れた。病弱な人に「気」を送ってみたらしい。そして、気分がよくなったと言われた。しかし、それは一時的なものに過ぎないと私は思った。なぜなら、再度妻は請われて、気を送りに行ったのだから。治らないからまた呼ばれたのだ。やはりあまり効果はないのではないかと私は思っていた。

ある日、妻はある気功師のところに連れていかれた。やはり、他の人も私と同様、妻の力については半信半疑だったのだろう。妻には何か分からないけど、確かに力はある。だが本人に自信がない。私にそんな力があるとはとても思えないと妻は言う。その通りである。ごくごく平凡な人である。ずば抜けた能力があるわけではない。大学には行っていない。何かを特別に勉強したとか、何か特別な資格を持っているということは一切ない。際立った才能が見えるわけではない。考え方も月並みだ。家庭の主婦としての平凡な毎日だ。しかし、本当に手のひらから「気」が出ているのか、そしてそれは効果があるのか。それを知りたい。それを確かめるには、実際に気を送っている気功師に見てもらうしかないだろう。妻を連れていった人は、妻に能力があるかもしれないということは話さずに、その気功師のところに行った。

気功師はちょうどある女性に気を送っているところだった。しかし、なぜかあまりうまくいかなかったようだ。いつものようにいかないことでその気功師はいらだっていた。何か邪魔するものがここにあると気付いた。そして、その原因は妻だということに気付いた。妻に近寄って、両手を差し出して球を作った。それに合わせて、妻も両手を出して球を作った。気功師の表情が曇った。

「邪魔しないでください。今すぐ出ていって」

そう言われた。

このことの意味は大きい。妻には、やはり力があるということが分かったからだ。そしてまた、その気功師にもなにがしかの力があるということだ。なぜなら、妻に力があることを見破る力を持っているのだから。その気功師に力がなければ、妻の存在を気にすることはなかっただろう。妻が何かを発していたから、気になって、妻の力を試してみた。そして、その力が自分より上だったから、出ていけと言ったのではないだろうか。やはり、妻にはある力があったのだ。しかし、この妻の力をどうすればいいのか。そう思いながらも、やはりこれはまやかしではないだろうかという考えも頭のどこかにあり、完全にぬぐい去ることはできなかった。目に見えない話だ。いい加減な話だと言われればそうなのだから、説明のしようがない。

本を読みはじめた。こういった関係の本を探すようになった。まず、気功の本だった。いろいろな本があったが、すべて健康のための本だった。ヨガとか、太極拳のように、朝早く起きて、体を柔らかく動かす方法だった。私が求めているのはそういうものではなかった。健康のための行動ではないのだ。何か根本的に人間の弱さを正すものなのだ。妻の「気」とはそういうものだと私は思っていた。だが、私が求めている「気」そのものについて書かれている本はなかった。しかしやがて、いろいろな本が私の目に入ってくるようになった。次から次へと私は読みはじめた。

バーバラ・アン・ブレナンが書いた『光の手』（河出書房新社）を見て仰天した。人間からオーラが出ているという話はよく聞くが、こんなにも明解に、こんなにも詳細に書かれている本は他にないのではなかろうか。図入りで綿密に書いてある。妻に見せたら、だいたいその通りだと言う。人間の体の七ヵ所から気が噴き出していると言う。しかも、それこそわき上がるように噴出しているのだ。私は理解しかねた。

真夏の夜だった。子供たちは全員寝ていた。クーラーが利くのは一室に限っていたので、家族全員五人がその部屋で川の字、いや、川の字のダブルで寝ていた。

「ちょっとやってみるね」

と言って、妻は軽いペンダントを取り出した。ほんの数グラムの重さで、鎖が付いている。百円ショップで子供が買ったものだ。妻は、ぐっすり寝ている次女をうつぶせにして、ペンダントの鎖を持ち、次女の尻から頭のほうに向かって、ゆっくりと動かしていった。すると、ある部分でペンダントは大きく揺らぎ、そのまま元に戻ろうとしない。風に吹かれてそのままという感じである。

「ここから大きく噴き出しているのよね」

と妻は言った。まさしく、その本に図解してあるように、体の七つの穴（チャクラというそうだが）からオーラが出ているのであった。

その著者が日本に来て講演をすると新聞に載った。参加料は高かったが、私は妻に、ぜひ行ってくるように言った。帰ってきた妻に聞いた。

「どうだった？」

「ええ、いつも私が考えていたことをそのまま言ってた」

「何か特別なことはなかったか」

「別にない」

少しだけ落胆した。なんだ、なんの成果もないのか。

ただ講演が終わって去る時、バーバラは笑顔を浮かべたまま、妻をじっと見つめながら去っていったという。妻と何か交感したのか。妻から出るオーラを同類のあかしとして認めたということなのか。オーラを見られず、感じられない私としてはどう理解していいか分からない。

オーラを写せる写真機があるから撮ってもらったらと妻は言われた。撮ってきた写真は、まるで妻の後ろに虹のアフロヘアがあるようだった。一メートル半ぐらいの大きさだった。色が特徴だと言われた。色は黄金色でやや赤みがかっていただろうか。

このころからか、妻は浮遊する霊をはっきりと見ることができるようになった。部屋の空間をじっと見つめて言う。

「来てる、来てる」

「何が？」

「行き場を失った霊がたくさんいる」

「どんな感じなの？」

「あの人は薄くなってるから、そうとう古いわね」

「薄い人は、なかなか成仏しないの？」

「生まれ変われないの。生まれ変わりたくて、私の助けを求めてここに来てるの」

「どうして生まれ変われないの？」

「自殺した人は大変ね。何百年も地縛《じばく》するわ」

「何百年？」

「そう。だから、だんだん薄れてしまうのよ」

「……」

ホイットンの『輪廻転生』(人文書院)を読むとそのことが書かれている。人間は輪廻転生する。早ければ四十日ぐらいで生まれ変わるらしい。何百年も生まれ変われず、そのまま霊として立ち尽くす場合もあるという。平均すれば人間時間で五十六年だという。やはり人間は輪廻転生するのか。

三島由紀夫のことがひらめいた。自殺した三島の最後の本『豊饒の海』は輪廻転生の話だ。読んだ時は全然信じなかった。生まれ変わったあかしとして同じところにホクロがあるとかにいたっては笑止千万、ばかばかしくて話にならないと思った。ホクロがそのあかしだというぐらいのレベルでは駄目だと思った。人間が輪廻転生するのなら、牛や馬や蚊やゴキブリだって輪廻転生しなければおかしいではないか。あるいは植物はどうなのか。生まれ変わりでこの世は超過密。大変だ。そんなことどうして信じることができようか(後に、ルドルフ・シュタイナーの本を読んで、この考えは変わる。シュタイナーは鉱物も生まれ変わると言うのだ)。

しかし、次に出会った書でまたまた私は仰天の話を聞く。精神科医ブライアン・L・ワイスの『前世療法』(PHP研究所)。そこには催眠療法で、何回も何回も生まれ変わった記憶を語る患者の話が出ている。忘れてしまったトラウマを無意識の中から探り出す催眠療法をしているうちに、前世まで戻ってしまったというものだった。

昔から、源義経の生まれ変わりだとか、ジャンヌ・ダルクの生まれ変わりだとかの話はよく聞く。すべてが歴史上に名を残した、いわゆる偉人と呼ばれる人たちだ。これまたなんとばかばかしいことかと思っていた。そんなことを言えば、クレオパトラの生まれ変わりと自称する女性なら銀座にごろごろいる。

しかしこの本に出てくる人の前世はほとんどが悲惨な人生だ。奴隷のような娼婦が犯され続けたあげく崖から突き落とされたり、戦争でバラバラに無惨に殺されたり、病気で苦しんで早世したり……。もしこれが本当だとすると、人間というものは許しがたい蛮行を繰り返す残忍な生物ということになる。人間に未来はない。しかし、なぜ私たちは輪廻転生するのか。いったいなんのために。私の方向性が一つ見えた。このことを考え調べることが私のライフワークの一つとなるだろう。

ようやく突破口ができた。かなり高名な霊能者を紹介すると言われた。その人に会いに私もついて行った。その女性は妻に手を差し伸べ、握手を求めた。普通、日本人は握手をしない。特に女性同士であればなおさらだろう。たぶん、妻を試したのだろう。妻の手から何か出ているか試したのかもしれない。ロビーの一隅で座って話し合った。生年月日と名前を書いてくれと言われた。私が書こうとすると、本人の手で書いてくれと言われた。書かれた文字を彼女はなぞりながら言った。

「内臓が悪いですね」

妻に思い当たることはなかった。いろいろ聞かれたが、ほとんどが当たり障りのないことで、そして妻に該当することはなかった。そばで聞いていながら、私は少し幻滅していた。わざわざ来るまでもなかった。しょせんこんなもんだろう。期待した自分が悪いのだ。しかし、最後に彼女が言った言葉には驚かされた。

「あなたには力があります。ほら、見えるでしょ」

と言って、空間を指さした。

私も見たが、天井が見えるだけだ。

「ここにも……、あそこにも……」

妻は答えた。

「ええ。見えます」

謝礼として差し出した、一万円が入った封筒をその人は受け取らなかった。

その霊能者からもらった名刺のタイトルが気になった。「トランスパーソナル心理学を学ぶためにアメリカ・〇〇大学へ」とあった。心理学については興味があり、私はいろいろな本を読んでいたが、トランスパーソナル心理学という名は、その時初めて聞いた。そして、それがすぐ目の前に現れた。

書店や図書館に行くと、これを読めと言わんばかりに、目の前に現れる本がある。岡野守也の『トランスパーソナル心理学』（青土社）が目の前にあった。何度もそのコーナーは見ているはずなのに、記憶に残っていない。しかし今日は違った。これを読め、これを読まねばならないというふうに私の目の前で存在を主張していた。そして私はそれを読んだ。なるほど。感じ入った。それは私が前々から考えていて、解答が出なかった問題を明解にしていた。

以前から疑問に思っていたことがある。学校で私たちは、人間は進化した生物だと教えられた。おおまかにいうと、まず地球に単細胞が生まれ、そしてそれが進化して魚類になる。やがてそれは両生類になり、哺乳類になる。その中で、ヒトはサルから分かれたもので、生物の最終形態だという。しかし、はたしてそうだろうか。最終形態だとは誰が決めたのだろうか。このまま進化し続けたら、ヒトは別な生物に移行するのではないのだろうか。また、そう思うのが適切なのではないだろうか。絶滅しない限り、進化とは永遠に続くものではないだろうか。これで終わりだと誰が言えるのだろうか。

ではヒトが進化する次の生物があるとすれば、それはどんな生物なのだろうか。それは誰にも分からない。たとえば、魚がカエルを想像するだろうか。サルが次の生物であるヒトを想像するだろうか。ヒトの次の生物など、誰にも分かるわけがない。しかし『トランスパーソナル心理学』にはそのことが書かれていた。「トランス」とは「超える」ことである。「パーソナル」とは「個」である。すなわち「個を超える」ことである。個を超えて、ヒトは次なる生物に行くのだと書いてある。

今、心霊ブームだとか、スプーン曲げだとか、超能力だとかがテレビで連日のように放送されている。それは珍しいからだ。そういうことのできる人が少ないからだ。しかし、あちこちでそういう人は増えているのではないだろうか、私の妻がそうなったように。

全体の一割を超えたら一気に全体が変化するという説がある。たとえば十人のうち一人がスプーンを曲げることができれば、すべての人がスプーンを曲げることができるようになるということ。それは、人間が変わるということだと思う。人間は次なる生物に移行するということだと思う。すべての人がスプーンを曲げられれば、病気を治すことができるかもしれない。そうすれば、病気というものがなくなるということだ。そして、その人たちは霊を見ることができるようになるだろう。

霊を見るということは、霊と共に暮らすということだ。人々は霊的世界の中に入ることになるだろう。すなわち、人は霊になる。それがたぶん、人間の次なる生物だろう。その時、人々は言葉を交わさず相手を理解し、愛というものの本質を理解するだろう。人々は争うことをやめ、すべてを受け入れ、すべての病いと苦しみをなくし、永遠の生の中で過ごすことになるだろう。

世界各地で続く戦争の残虐行為。日常に広がる凶悪犯罪。いつも思う。人間という生物が人間でありうる限り、いつまでも愚行は続くであろう。どこかで終止符を打たねばならない。しかしそれは、人間が人間をやめた時だろう。つまり、人間が次の生物に進化した時であろう。人間が理想の世界を作ることはできまい。だとすれば、早く人間をやめることだ。というより、早く次の生物になろうと努めるべきだろう。

妻を見ながら感じるのは、妻はその新しい人間に向かう一人なのだろうかということだ。だが、なぜ妻なのか。なぜ妻が選ばれたのだろうかとも思ってしまう。

夕飯の準備をしている妻が、あっ！　という声をあげた。

「どうした？」

家にいるみんなが駆け付ける。子供たちが悲鳴をあげる。包丁で切った妻の指から血がしたたり落ちている。ざっくりと指が切り込まれていた。いそいで止血をしようとするが、妻はみんなを振り切って、一生懸命、切った箇所を押さえている。やがて血は止まり、妻は絆創膏《ばんそうこう》を巻きはじめた。

「そんなのでいいの？　医者へ行かなくていいの？」

「いや、いいの、大丈夫」

と妻は答えた。やがて夕食の準備を続けた。

驚くべきは翌日のことであった。切った箇所がくっつき、うっすらと傷跡があるだけだった。傷の治りが異常に早い。

テレビで臨死体験を特集した番組を見たことを思い出した。死んだ直後に、人は空中に浮遊して、自らの死とその周囲にいる人たちを見つめる。やがてトンネルに入り、それを抜けると光が満ち満ちた場所に出る。心やすらぐ、夢のような世界だと言う。そして、川辺にたどり着くと、向こう岸に現れた知った人（多くは親族らしい）から、まだ来るのは早いから帰りなさいと伝えられる。そして、生き返る。臨死体験者には共通の特徴があるという。死後の世界があまりにも素晴らしいので、以後、死ぬことを全く怖がらなくなる。そして傷の治りが早い。妻の傷の治りの早さと、臨死体験者の傷の治りの早さとは関係があるのだろうか。あるとすれば、現実の世界以外の世界を見ているからかもしれない。

小学生の娘が、友達と遊んでいた。突然、友達が大きな悲鳴をあげた。鉄の扉を閉めようとして、指を挟んだらしい。指は肉がへこみ、相当な痛さだったと思われる。妻がそばにいたので、いそいでその指を握りしめた。痛さで女の子は泣き叫んでいる。

「大丈夫よ、大丈夫」

と言いながら、妻は女の子を励まし続けた。すると、次第に女の子の泣き声は小さくなり、ついには笑いはじめた。二十分後には、また元のように娘と走り回って、鬼ごっこを始めていた。妻の手から確実にパワーが出ている。私は完全に確信していた。

しかし、それはなぜだろうか。妻の手から何かが出ている。あるいは、妻の手が何かを感じる。どちらなのだろうか。

ビールの栓を抜いて、私と妻の二つのコップにつぐ。テレビの野球中継がコマーシャルになり、ふと見ると妻の前のコップには泡がない。私の前のコップを見ると、ビールの泡がまだたくさん残っている。妻の前のコップは、ビールではなく麦茶のように見える。

「どうして泡がないの？」

「さあ？」

妻のコップにビールをつぎ足す。盛り上がる泡。しかし、数秒後、泡は消えている。

「おい、おい、コップをきれいに洗ってるのか？」

「洗ってるわよ。だって、あなたのコップは泡があるじゃないの？」

「うん……、どうして、お前のはないの？」

「さあ……？」

妻のコップにビールをつぐ。私はじっと見ている。妻がビールを両手で挟み込んだ。その時だった。ビールの泡がシュルシュルシュルと私の見ている前で消えていった。二秒ぐらいだったろうか。見ている目の前で、あっと言う間に泡は完全に消えた。しばらくの沈黙。私は妻に聞いた。

「……そのビールの味って、うまい……？」

「飲んでみたら……」

私は飲んでみた。なんだろうこれは。ビールではない。だが、まずいとも言えない。ただ、もう一度飲みたいという味ではなかった。

沖縄に行った。お土産に、塩をたくさん買ってきてと妻が言った。那覇の市場に行くと、あるわあるわ。二十種類ぐらいの塩が置いてあった。そのすべてを買って帰った。家で一つずつ並べた。妻は一つ一つ塩の上に手をかざして言った。

「これは、駄目ね」

「ああ、これはいいわ」

「これもいいわ」

「これは、なし」

「これはすごい」

すごいと言った塩の上、五十センチのところに妻の手があった。波動が出ているそうだ。そのすごい塩は波動が五十センチも出ているらしい。ちなみに、東京で買っている食塩を置いた。妻は言った。

「全く出てないわ」

塩から波動が全く出ていないそうだ。東京の塩はいわゆるNaClなのだろう。つまり化学物質なのだ。太陽とか海水とかのふんだんなミネラルがない。そんな塩は化学の記号みたいなものだ。波動の高い塩をなめてみた。やはり波動が出ている塩はうまい。

その時、ふと思った。葬式から帰宅し、家に入る前に塩をかけてもらう。お浄《きよ》めの塩。波動のない塩をかけてもらうと、やっぱり効果はないのだろうか。

とにかく相談したい。誰かに相談したい。

しかし、いったい、どこに相談しに行けばいいのだろうか。師としての優れた霊能者を探すべきなのだろうか。その人からいろいろ教えてもらうべきなのだろうか。どうやったらその人と出会えるのだろうか。霊能者の真贋《しんがん》は誰が、どういうふうに決めるのだろうか。そんなリストがあるのだろうか。

医者に診せるとしても、何科の医者になるのだろうか。精神科医か、心理カウンセラーか。しかし、まともに取り合ってくれるだろうか。どんな話から入っていけばいいのだろうか。どんな話もばかばかしいと一笑に付されておしまいだろう。常人とは変わった奇妙な行動や言動をするわけではないのだから、精神病患者あるいは神経症患者として妻を扱うわけにはいかないだろう。どうしたらいいか分からないまま、月日がたっていった。

ある日、妻は宙を見つめて固まってしまった。

「どうした？」

「しー、黙って、声が聞こえるの」

と言って、じっと聞き取ろうとする。そしてやおら、紙にペンを走らせた。のぞき込むと、そこには、何やら物質の名がいくつか書き連ねられている。トルマリンなんとかとか、なんとかチタンとか、これには仰天した。妻は化学の知識は全くない。あるとしてもせいぜい H_2O ぐらいなものだ。こんなに難しい化学物質の名をあげることはできない。また、声が聞こえるとはどういうことなのだろう。声が聞こえた？　ばかな。そんなことがあるわけがない。しかし、実際にその声を書き取っている。これはどういうことなのか？　考えられることは幻聴である。とうと う妻はおかしくなってしまったのか？　しかし、この書き連ねられた言葉は何を意味するのか？

本当に聞こえたとすれば、それはいったいなんなのか？

ある日、妻はある物質を私に見せた。日本茶を即席で出す時のような小さな紙パックの中に、何やら粉が入っている。そして粘着テープ。

「寝る前に足裏に貼ってみて」

「何？　これ？」

「足裏シート」

「ふーん、これどうしたの？」

「私が作ったの」

「で、どうなるの？」

「まあ、貼ってみて」

「ふーん」

この前、妻に届いた声の物質で作ったのだろうか。

「この足裏シート、ある人に話したら、勝手に売り出しはじめたのよ」

「ふーん、知らない」

「爆発的に売れるわよ、あれ私のアイデアなのよ」

「ふーん」

「でもあれは未完成なの。今回私が作ったのは、においがないの。お告げがあって、新しく作ったの」

「……」

「……」

妻が黙ってしまったのには理由がある。夫の私には経済観念が全くない。経済には全く関心がない。私は手形と小切手の区別すらつかない。金儲けには全く興味がない。おかげで結婚以来、ギリギリの生活が続いている。申し訳ないとは思うが、興味がないのだからしょうがない。この足裏シートが売れようが売れまいが興味がない。こういう話をすると、みな一様に不思議がる。

そんなことはないだろう。金が入るのに興味がない人はいないと。ただ本当に、ギリギリであろうが、食って寝て平穏に過ごすことができれば、私はそれ以上は望まない。信じてもらうしかない。

その晩、私はそれを左右の足裏に貼って寝た。そして朝起きて驚いた。足裏から液がしたたっているのだ。私はそろそろと抜き足差し足で風呂場に向かい、粘着テープをはがした。何やらどろっとしている。一種、気持ちが悪いが、悪いものが出てきたという感じがして、なんとなく気持ちがいい感じがしないでもない。シャワーで足裏の液体を流しながら思った。あの液体はなんなのだろう？　驚きを妻に伝えた。

「実は、あちこちの人に試してもらってるの。反響がすごいのよ。足裏に貼れば疲労回復になるのよ。でも、痛いところ、悪いところに貼っても効果があるの。リウマチの人がよくなったとか、腰痛の人がよくなったとか、腫れが引いたとかで、いろいろ引き合いがあるの」

「ふーん」

またしても、私はふーんだった。足裏から何か出たことは確かだ。しかし、それがどうだというのだ。肩凝りが治るというシップが薬局に置いてあるが、気のせいだと私は思っている。効いたぞ、効いた、どうも効いたみたいだ。すると効いたような気がするのだ。しかし、この足裏シートの話は一気に加速していった。

「三百万円出すから、独占販売権をくれないかと言われてるんだけど」

「ふーん、ほんとかよ」

「知り合いの人が友人に足裏シートを試してごらんと渡したら、その人のお父さんのヘルペスが治ったらしいの。その人は静岡の方で会社を経営しているのだけど、時々東京に来ているから、打ち合わせしたいらしいけど、いいかしら」

「……いいんじゃない」

「ひょっとしたら、会社を興《おこ》すかもしれない」

「ふーん、でも、あんたも知ってるように、おれ、経営のことは全く分からないから、自分でちゃんとやってよ」

「いいわよ」

「それと、家庭のことは、できるだけおれも見るけど、食事だけは作ってよ。あんたがいちばん知っているように、おれは飯が作れないから」

「分かった」

一週間後、彼女は百万円の束を三つ持って帰ってきた。契約書を交わしてもらってきたのだと言う。妻はすべてを一人でやった。販売するにはどうしたらいいか。原料をできるだけ安く仕入れる方法はないか。まず紙袋を作る。ロール状の紙を見つけてきた。それを小さく切って袋状にしなければならない。熱で圧着する機械も見つけてきた。

十種類ぐらいの原料をどう集めるか。あちらこちら歩き回って、できるだけ安く売っているところと話をつける。すべて手作業だ。最初は妻が一人でやっていたが、それでは間に合わなくなってきた。人づての口コミで注文が来るようになったのだ。足裏シートの効能に共感して、多くの人が手伝ってくれるようになる。紙袋を作る班。妻が調合した原料を紙袋に正確に五グラム入れる班。それを熱で圧着して閉じる班。そうなると家で作るには限度があり、場所が必要となってきた。すると、マンションの空き部屋をただでいいから使ってほしいという人が現れた。妻はその部屋を使わせてもらい、アルバイトの人を使って、製品を作るようになった。いずれは事務員も雇うことになる。

販売方法も考えたようだ。やはり、人づてに口コミで売るだけでは限界がある。もっと売るには大きな販売網に食い込むしかない。出資者の依頼であちこち回った。しかし、代理店を通すとかなりのパーセンテージの手数料を取られるらしい。すでに薬局には多種類の足裏シートが大量に出回っており、新たに参入して商品を置いてもらうのは難しいらしい。彼女はデパートにターゲットを絞った。そして置かせてもらうことができた。時々、店頭でプレゼンテーションも行ったようだ。出資者も販売をどうするか考えたようだったが、結局はインターネットを利用することにしたようだ。ネーミングをどうするか迷っていたが、その出資者の名前をとって「〇〇〇〇の健康シート」で売り出すことにした。

以上のことは後で聞いて分かったことで、私は全くタッチしなかった。中央線の沿線にある妻の事務所には行ったこともなければ、事務員と会ったこともない。妻は昼前に出ていって、夜七時ごろ帰ってくると、私と子供たちのために夕食を作ってくれた。忙しいのは確かなようだったが、むしろ仕事をすることが楽しそうに見えた。仕事はうまくいってる？　と聞くと、おかげさまでという答えが返ってきた。食事を作る費用は彼女が用立て、それ以外のすべては私がまかなうことが、暗黙の了解として成り立っていった。遅くなる時は電話があり、私たちは外で食べることにした。次第にその回数が増え、彼女抜きで外食することが多くなった。外で食べないまでも、店屋物になったり、近くの海老《えび》丼だったり、手巻き寿司だったり、惣菜《そうざい》屋のおかずだったりした。忙しくて食事を作る時間がなくなってきたのだ。大変だけどなんとかうまくいってるんだなと思っていた。大きく儲かってはいないけど、損もしていない、そんな感じだった。

そしてある日、全くの予告なしに、いきなり暴風がわが家を根こそぎなぎ倒そうと襲ってきた。その時まで、私は能天気にのんびりと暮らしていた。彼女からアイデアを盗ったという会社は足裏シート業界一の成長を遂げ、年商百億円に達したという話を妻から聞いた。妻の会社が、まさかその域まで行くことは毛頭考えなかったが、いずれ余裕ができて、広い家に引っ越せるようになればいいなとかすかに願っていた。大好きな南の地方で暮らせれば最高だなと思っていた。ひょっとしたら沖縄に移住できるかもしれない。

しかし、いよいよその暴風の日がやってきたのだ。それが二度目のヤミ金のラッシュだった。

再びのヤミ金地獄

三月のある日、電話が鳴った。十一月のヤミ金事件からちょうど四ヵ月がたっていた。あれから少々電話恐怖症になっている。電話をとっても、いいことはまずない。電話が私たちの気を休めることはない。しかし、あれから月日もたち、借金の催促はなくなっていた。あの時はあの時で大変だったが、弁護士も入れてなんとかしのぎ、ようやく血路を見いだそうとしていた時だった。いきなりの声だった。またしてもあの種の声だった。いつもの奴らと同じ声だ。脅す奴らの声はみな似ている。初めの一声ですぐ分かる。こいつらは同じ世界で生きているからだろうか。相手への思いやりとか配慮などかけらも感じさせない声だ。

「奥さんに金を貸している者だが」

と電話の向こうの声は言った。

またかと、一瞬めまいがした。しかし、そんなはずはない。妻はあの件で懲《こ》りているはずだ。妻もそのことは十分すぎるほど分かっているはずだ。いや、分かっている。何かの間違いだろう。

この前の記載もれとか、何かの手違いに違いない。
相手は妙に落ち着いた声をしていた。例によって、旦那さんの名前はこれこれで、お勤めはここで、旦那さんの兄弟はこれこれで……。それはすべてその通りだった。私は恐る恐る聞いた。いつ、いくら借りましたか？　それが問題だった。ずいぶん前のはずだ。たぶん、四ヵ月前だろう。相手は答えた。これこれの額をいついつの日に……。

十日前だった。そんなばかな……。

嘘だろう。嘘であってくれという願いが、瞬間的に脳裏をよぎった。もし十日前だとしたらアウトだ。すべては終わりだ。試合終了だ。やり直すことはもう不可能だ。心の片隅に妻に対する不信感はあった。それはしょうがないだろう。私に内緒で、あれだけのことをしてしまったのだから。しかし一方で、あれだけ大変な経過を経てここに至っているのだから、もう十分反省していると思っている。十分すぎるほどに。
弁護士からは、今度借りたらおしまいだよと、何度も念を押されていた。だから、私には妻がもうそんなことをするはずがないという確信があった。夜逃げまでして、家族を離散寸前にまで追い込んだのだから。もう一度ヤミ金に手を出したのなら、もう親ではない。子供を地獄に落とす行為だ。

そのヤミ金業者の話す情報は、すべて私の家に該当していたが、どうも変だった。何かが変だった。だが、その何が変なのかが分からない。もう一度やったらおしまいだよという言葉の意味は重かった。本当におしまいになるのだ。だから信じるしかない。妻を信じるしかない。そんなはずはないのだ。絶対に。私はそんなはずはないと突っぱねた。相手は怒り狂った。ばかやろう、これだけ証拠がありながら、借りてないとは何事だ。かみさんを出せ。かみさんと話せばすぐ分かることだと言う。その時、妻は外出して家にいなかった。そんなやり取りが続き、相手は怒鳴りまくったが、妻が家に帰ったら私のほうから連絡するということで了承して電話を切った。

電話を切った後に、ものすごい疑心暗鬼が生じてきた。本当に信じていいのか、妻を。あるいは相手の言うことが正しいのか。もし相手が正しいということであれば大変なことになる。体の奥から地響きを立てて何物かがやって来ようとしていた。とにかく妻をつかまえて事情を聞くことだ。あれほど自信たっぷりに相手は言った。不安がだんだん増してくる。

もんもんと悩んでいると、また電話が鳴った。さっきの業者からだった。いきなり謝ってきた。

「すみません。先程電話した者の上司ですが、大変申し訳ありません」

低いぶっきらぼうな男の声。だが、それでいてその上司は丁寧な口ぶりをした。

「実は、埼玉県の花田純子さんとお宅様を間違えまして、大変申し訳ありません」

「えっ？」

と私は言ったきり絶句した。なんだって。じゃ、同姓同名というわけか。相手は平謝りに謝ってくる。ふざけるのもいい加減にしろ。

「……お前なぁ……」

とようやく声が出たが、後が続かない。こっちはどんな気持ちでいると思っているのか。だが、怒りと同時に安堵の気持ちでいっぱいになる。よかった。間違いで本当によかった。やはり妻を信じてよかった。でも、データに関してはすべて私の家のものなのに、それでも間違えるということがあるのだろうか。まあ、相手が間違いだったと謝っているのだからいいか。

しばし埼玉県にいるという同姓同名の人のことを思う。やはり苦しい思いをしているのだろうか。よく分からないが、こういうこともあるのだろうか。現在、消費者金融の利用者は千百万人を超えている。日本国民の十人に一人が利用している。そのうち、返済困難に陥っている多重債務者は少なくとも百五十万人から二百万人は存在すると言われている。ものすごい人数だ。国家的問題だといえよう。それらの数の人々が追い詰められている。違法な金利で毎日脅されている。問題は、なぜ取り締まらないのかということだ。

ヤミ金被害者にあまり同情が寄せられないのは、金を借りたほうが悪いという認識があるからだろう。金を借りなければそういったことにはならなかった。自ら招いた罰という意識がある。ブランドものを買いまくったり、パチンコや競輪、競馬などに手を出して深みにはまり、金を借りて泥沼地獄に落ちる人がいる。そういう人たちに同情のまなざしは向けられない。しかし、遊興費やギャンブルで自己破産する人は、全体ではわずかなものなのだ。そして、彼らは買い物症候群、ギャンブル依存症と呼ばれるように病気である。自分に歯止めをかけ抑制する力が欠けているのだ。彼らを非難するよりは、病気を治すようにさせなければならない。

親兄弟、親戚、友人らすべてから借金し、もはや誰も貸してくれない状態になるから、消費者金融で借りるのだ。その返済が滞ると、次はヤミ金だ。そこが生きていくための最後の崖っぷちだから、高利と分かっていても泣いてお願いする。ヤミ金業者からすれば、土下座してまで金を借りようとする最低の奴ら、生きるか死ぬかの瀬戸際にいるゴミのような奴ら、もう生きていく価値がない、死んでもおかしくない奴らと認識するだろう。だから、同情心など皆無で、虫けら扱いの取り立てをする。

そういった業者が大手を振って荒稼ぎをしている。法律違反のとてつもなく高い利息利率で貸し付けている。明らかに犯罪である。なぜ彼らが野放しになっているのか分からない。今や日本は犯罪社会になってしまっている。法律などあってなきがごとしだ。

妻が帰ってくるとさっそく間違い電話の話をした。まるで笑い話のようだなと言うと、妻の顔が引きつった笑顔になった。もし万が一わが身のことだったらと思うと、笑うに笑えない気持ちなのだろうか。やはり妻を信じてよかった。やはり妻ではない。しかし、そんな妻の顔を見ながら、私は一抹の不安を感じていた。


次の日、最悪の事態がやってきた。立て続けに見知らぬ人から電話があった。青木、城戸、梅沢、徳丸、安井、沼田、山口、斉藤。すべてが例の口調だった。

「奥さんいますか」

「純子さんいますか」

出かけていると答えると、何時に帰るのかと聞いてくる。分からないと答えると、また電話すると言う。どういう用件かと聞くと、込み入ってるからと言って切る。間違いない。あの話し方はヤミ金の奴らだ。夫には言わないでと、ヤミ金のほうに妻は言っているのだろう。だから用件を話さない。でも分かる。あれはヤミ金だ。とうとうやりやがった。妻はとうとうまたやってしまった。でないと、あんなにたくさんの電話が来るはずがない。

そばに長女がいた。心配しているのだろう。物陰から電話のやり取りをじっと耳を澄ませて聞いている。一連の事情はよく分かっている。父は余裕をなくし、すべてを家族の前で露呈してしまっている。妻をなじり、詰問し、殴る寸前まで行っているのを、子供たちはじっと見ている。その娘が私の手を見て言った。

「お父さん、震えてる」

私は全身が震えていた。とうとうやってしまった。最悪の事態を妻は起こしてしまった。もう助からない。地獄が口を開けて待っている。私は震えを抑えることができなかった。


また電話が鳴った。その男は会社名を名乗った。

「○○アップの和田といいます。奥さんに八万二千円貸していて、支払い予定日を過ぎているのに連絡がないんだが」

埼玉県の同姓同名の件がある。

「間違いじゃないですか」

「じゃ、借用書をファックスで送るから」

「妻は今外出してるから、帰ったら聞いてみる」

そう言って電話を切った。すぐファックスが送られてきた。確かに妻の字で借用書が書かれていた。

次は「○○クレジット」という会社からだった。五万円貸して、五万円返してもらったが、後二万円残っていると言う。利息分が払われていないらしい。

新橋の「ユ○○ン」。同じく二万円残っている。

新宿の「レ○○ド」。さっき徳丸という個人名で電話してきた者だと言う。七万円借りて十万円を返す約束だが、借りた十日後に四万円、二週間後三万円返しにきて、残り三万円がまだだと言う。

「○○総合リース」。五万円貸して三万円返却、残りが四万円。

「○○ファイナンス」。五万円貸して四万円返却、残りが三万円。

「○○信販」「○○サポート」「ド○○ム」「フリー○○」「ア○○ス」「△△△」「○○社」「フ△△△ド」「ローン○○」……と続いた。

だいたいが五万円借りて七万円返しで、連絡がないから電話を家にかけたというものだった。

しかし、この数はどうしたことだ。一社や二社ではない。二十社を超え、三十社になろうとしている。震えがきて、足元から地面に引きずり込まれそうな気がした。

なぜあの時、離婚しなかったのだろう。別れていれば、こんなことに巻き込まれることはもうなかったはずだ。弁護士の受任通知によってヤミ金の督促がなくなると、またなんとかやれるものと思ってしまった。喉元過ぎれば熱さを忘れるだ。しかし、別れなかった最大の理由は、妻には行く場所がどこにもないということだったと思う。孤児院で育った彼女は、私と別れたら行くところがない。そして、妻を信じたいという思い、子供三人を育てたいという強い思いがある。だが、それも終わりだ。妻は、浮かび上がろうとする私たちを、ふたたび地獄に突き落とそうとしているのだ。

夕方、妻が帰ってきた。以前は必ず家に電話をかけてから帰ってきたが、今はそれもない。硬い顔をして私の話をじっと聞いていた妻は、表情を変えずに受話器を手に持った。

「どうするんだ?」

と私は聞いた。

「私が電話するわ」

と妻は答えた。

部屋を閉め切って、業者の一つに電話をしはじめたようだった。声がかすかに聞こえている。こちらはこちらで気になってしょうがない。ここに至っていったい何を話してるんだと思い、ドアを開けた。

妻は泣いていた。電話の相手に涙声で話していた。

「すみません。私のことを気にしてもらって。ありがとう。大丈夫です」

と言って電話を切った。切る寸前、まだ相手の声が残っていた。

「どうした？」

「私のことを心配してくれて電話をしたみたいよ」

と妻は私をにらみつけるようにして言った。まるで、周囲の人はあなたと違って、みんな私の味方よ、私を気遣ってくれているのよと言わんばかりだった。

私はどういうことかさっぱり分からなかった。えっ？　妻を気遣って電話してきただと？いったいどういうことなんだ？

その時、電話が鳴った。妻が手を伸ばす前に私が受話器をつかんだ。

相手の大きな声が飛び込んできた。

「駄目だよ、話してる最中に電話を切るなんて」

「家内のことですか？」

「あ！　旦那さんですか？　奥さんに代わってもらえます？」

妻に代わった。そして妻は言った。

「さっきはありがとう。ごめんね。大丈夫よ。私は大丈夫」

何か一方的に妻が話している。相手と会話をしている感じではなかった。

私は妻から受話器を取ろうとした。妻はすごい力で受話器を握りしめている。私は無理やり奪い取った。

「お電話代わりました」

「あっ、旦那さん？　なんか、奥さん変だよ」

やはり会話になっていなかった。妻は相手を無視して一方的にしゃべっていたのだ。私は妻を見た。妻は私をじっと見つめていた。先程からの硬い顔はしていない。むしろ穏やかな顔になっている。その顔がじっと私を見つめ続けている。そしてうっすらと笑った。背筋を冷たいものが通り過ぎた。

狂っている！　とうとう妻が狂ってしまった！

以前の事件の時から、私は妻に問い続けた。なぜなんだ？　なぜ借りたんだ？　それが分からないのだ。毎晩、怒鳴り合いだった。というか、私だけが怒鳴っていた。子供たちは隣の部屋で寝ている。しかし、ことがことだけに息をひそめて親の会話を聞いているに違いない。どうも、お母さんが大変なことをしてしまったようだ。それで毎晩、夫婦喧嘩になっている。お父さんは怒りまくっている。お母さんはひたすら耐えている。子供としては助ける出番がない。そんな喧嘩が一ヵ月以上も続いた後、私はひたすらだんまりを決め込んだ。なぜ借りたか原因が分からない。いくら聞いても、怒っても、その原因を話そうとしない。会社の存続のためだと言うが、いくらなんでもそれだけであんなにたくさん借りるわけがない。じゃ、話すまで待とうじゃないか。私は家に帰っても一言も話さない。妻と会話をするつもりがない。会話したくない。子供たちとは話す。妻とは話す気力が起きない。子供たち三人を抱えて、これからどうして生きていったらいいのか、見通しが立たない。毎日がつらい日々を送っていた。長男は高校卒業後どうするのか？　長女と次女の行く末は？　わが家の生活をどうしたらいいのか？　一切妻と話さない毎日の中で、必要な生活費だけ妻に渡して月日がたっていった。

離婚を切り出してきた時の妻は、しらっとした顔で言った。

「あなたと別れたいんだけど」

数日後、知り合いの奥さんが私に電話してきた。

「どうしたの？　あなたたち別れるの？　どうして？　奥さん泣いてたわよ。別れたくないけど、別れるようになるかもしれないって」

私は驚いた。私の前では涙一つ見せないで、敢然と離婚を言いだした妻だった。とても、泣いて別れたくないという感じではなかった。

その話を思い出していた。本当は別れたくないのに、私の前では無理に虚勢を張って、別れようと言っていたということか。いったいどっちなのだ。わけが分からない。その時、子供のことはどう思っていたのか。


いずれにせよ、妻も悩んでいたということだろう。そして今、妻の神経が切れてしまった。妻の精神が壊れてしまった。受話器を持った私をじっと見つめる妻の無表情な顔、そしてかすかに浮かべる笑み。妻よ、いったいお前は何を考えているのだ。

その時、妻は我《われ》に返ったような表情をした。元に戻ったようだった。

「私、よく分からないんだけど、私のこと、かおり、と呼ぶ人がいるのよ」

駄目だ。まだおかしなことを言っている。そんなことより、また襲いかかってきた借金はどういうことなんだ？　なぜまた借りたのかと聞いてみる。答えは返ってこなかった。今度借りたらおしまいだよと、あれほど弁護士に言われたではないか。なぜだ？
とにかくいくら借りたんだ、まとめろと私は言った。さてどうしよう？　なんとかしのぐ方法はないか？　いや、もう逃げることはできないだろう。とにかく弁護士に話すしかないだろう。明日も必ず借金の督促電話が来るだろう。いや確実に来る。その前になんとか弁護士に相談するしかない。
私の体重は以前に比べてもう十五キロ以上落ちていた。

夜になっても電話は続いた。妻がおかしくなったと言っても、誰も信じてくれない。金を返さない気か、嘘をつくなと怒鳴られてしまう。あるところは、これから行くから待ってろと、脅し文句の定番を言う。家まで押しかけられるのはもううんざりだった。とにかく明日必ずこっちから電話するからと、なんとか納得させる。妻はいったい何社から借りてるんだ、そして、いったいいくらの金額を。

翌日になった。弁護士にアポをとる時間がない。家の中にいることに耐えられなくて、弁護士事務所の前で待つ。いつも十時に事務所が開く。家でヤミ金の電話を受けることはとてもできなかった。一刻も早く弁護士と話したい。弁護士に今日、別の予定が入っていてもなんとか話をしなければならない。そのためにも事務所前で待つことにした。妻を連れてである。

幸い弁護士は十時に事務所に現れた。そして会ってくれた。事情を話す。もはやあきれた顔をして私たちを見つめていた。どうしてまた借りたの？　と弁護士が聞く。妻は答えられない。そのうち妻の顔がだんだん青ざめてきた。息が苦しいと言う。椅子に座っているのだが、フラッと倒れそうになる。弁護士は妻の異変を知り、あわてて事務員を呼んだ。隣の部屋に連れていき、窓を開けて新鮮な空気を入れるように指示した。

その間に、私は弁護士の意見を聞いた。なぜか、自己破産の申告はまだしていないということだった。以前の件からもう四ヵ月がたっている。なのにまだ申告はしていないと弁護士は言った。なぜ？　と聞けばよかったかもしれない。しかし、その場の雰囲気では聞けなかった。とにかく今の問題、昨日今日の問題をどうするかだった。

弁護士が言うには、免責が受けられなくなる可能性があると言う。なんですかそれはと私が聞くと、弁護士は言った。数ヵ月前に多くの会社から金を借りた。しかもその一年前に他の弁護士を入れて任意整理をしている最中に借りている。そして今回の借金。繰り返している。反省の色がない。返すつもりがないのに金を借りていると弁護士は言った。

「もし……、もし免責が受けられないとすればどうなるんですか?」

「借金を返さざるをえないです」

「えっ! そんな! 全部ですか?」

「全部です」

「前のやつも、一年前のやつも、全部ですか?」

「全部です。今回のもです」

「そんな……」

私は下を向いてしまった。軽く百軒は超えている。ヤミ金百軒。とても耐えられるわけがない。

私は顔を上げて言った。

「……とても、私のところの経済では返せません」

「でも、そうなります」

「返せないと……、どうなるんですか?」

弁護士は恐ろしいことを言った。

「奥さんを、どこかに逃がすしかないです」

「えっ! どこかに逃がす……、そんなばかな……」

「現実とはそういうものです。どこかに逃がすしかないでしょう」

これが現実か。これが人間の生きる姿か。この世は地獄だと私は感じた。生きることは地獄だ。妻を逃がす。いったいどこへ。妻には故郷はない。私の両親もすでに死んで、土地家屋を整理しているから田舎はない。遠くへ逃がす。沖縄へか。北海道へか。いったいどこへ。

弁護士は提案してきた。

「とにかく、今回新たに借りたところは払うことですね。今回の事件をもみ消してしまえば、なかったことになります。ただし一軒の漏れもないように。漏れがあったらおしまいだよ」

ヤミ金業者めぐり

とにかく今回の事件をもみ消すか。いったいいくら借りたのか。それによる。返せる額だったらいいが、もし返せない額だったらどうする。青ざめた顔の妻と一緒に、私も青い顔をして家に向かう。知り合いの人間を一人ひとり思い浮かべてみる。金を持っていそうな奴はいない。いや、持っていても金を貸してくれそうな奴はいない。

兄弟のことを思い浮かべてみる。そんなに仲が良いわけではない。とても無理だろう。だいたい私はこれまで金を借りたことがない。だからそれが変なプライドとなっていつも強気に話してきた。兄弟とはいつも最後には喧嘩になる。末っ子の私が折れないので、最後はいつも喧嘩になっていた。誠実に、後ろ指を指されることなく生きようとしてきたから、私はいつも冷たいと思われていた。頭を下げても、とても貸してくれそうにはない。そんなことを考えていると駅に着いた。

振り返ると後ろから付いて来ているはずの妻の姿がない。くそっ、いつまでも足手まといになりやがって。知るか、勝手に帰れ。思いやりなど完全に消えていた。私は妻のことを考えず、一人で電車に乗った。私一人が先に家に帰り、しばらくして妻が帰ってきた。ただいまの声もなければ、会話も交わさない。離婚以上の状態になっている。みんな、お前が招いたことなんだぞ。私は心で叫んでいた。死んでしまえ。死んでくれたほうがまだましだ。

留守番電話を聞く。四十本以上の電話が入っていた。脅し文句を言う奴、泣き落としでくる奴、丁寧な口調の奴。


「連絡ください」

「入金が確認できなかったよ。電話してよ。電話ないとお宅に行くからね」

「約束が違う。徹底的にやらしていただくよ」

「至急連絡ください」

「……いないのかな〜〜、いるんでしょ〜〜、いたら出てよ〜〜」

「困るよ。連絡をくれよ」

「話に乗るから。とにかくうちだけは払ってよ」

「うちは元金だけでいいからさ。とにかく連絡くださいよ」

中には五分おきに同じせりふを吹き込んでいる同一の業者もいた。

「いるんだろ。出ろよ」「出てよ」「出なさいよ」「出ろ」

妻は食卓で頭を抱えていた。何も考えられないような感じだった。虚脱状態とでも言おうか。力が全く入っていない。そんな妻を見ると、なぜ借りたんだ！　とまた怒鳴りたくなる言葉をぐっとのみ込むしかない。妻の視線はうつろだ。だが、やはり聞くしかない。いつ、いくら、どういう条件で借りたのか、借りたところのリストを作れ。しかし妻は動こうとしない。もう駄目だ、こいつは。完全に魂をなくしている。

私が勤めている映画学校に三軒のヤミ金から脅しの電話が入っていた。私のいない時に電話があったそうだ。金を払えとは言わない。私に払う義務はないのだから。単なる脅しだ。しかし、卑劣な脅しだ。

お前のところで雇っている奴は、かみさんが金を借りて返さないふてえ奴だ。どうしてそんな奴を雇ってるんだ。金を借りたら返すのが当たり前でしょうよ。金を返さない奴をお前のところは使っているのか。それじゃ道義にもとるだろ。社会で通用すると思ってんのか、ええ、なんとか言えよ、表で待ってるからよ、返事をくれってあいつに言ってくれ。そんな電話だ。

押しかける気はない。警察に捕まるとやばいからだ。ただ脅すだけだ。しかし、学校の人間は驚いてしまう。いったいどうすればいいんでしょう。危害でも加えられたらどうしましょう。本当にやって来たらどうしたらいいんでしょう。ちょっとしたパニックになる。

それがヤミ金のねらいだ。騒げば騒ぐほど私の立場は悪くなるはずだ。そして、金を払うような方向に気持ちが動いていくだろう。そうヤミ金側は思っている。子供が通う小学校に電話をかけてくる悪質なヤミ金もいるという。許しがたいどうしようもない奴らだ。

その夜、竹下と名乗る男が長電話をしてきた。十万円払えと言う。あがいても無駄だ。払わなければ、どんな手を使っても追い込んでやる。破産宣告をしても、必ず異議申し立てをしてやる。そうなれば免責を受けられず、払わざるをえないんだ。そんなことを延々と一時間、立て板に水で一方的にしゃべりまくる。何やら昼間話した弁護士とそっくりのことを言う。とにかく弁護士と話してくれと繰り返し言うと、とうとう捨てぜりふを残して電話を切った。

「首を洗って待ってろよ」

とにかく一軒一軒片付けていかねばならない。妻を連れて行こう。どういう方法で金を借りたのか知らないが、場所を覚えているところもあるだろう。友人が言うように事情を話せば分かってくれるところもあるかもしれない。

次の日、まず一軒目は「○○信販」からにした。新橋だった。金の亡者がうようよ住む場所だ。妻に案内を頼んだが、全く分からないと言う。相手に電話をして場所を聞く。一緒に妻と歩く。次第に近付いてくる。思い出したかと妻に聞いても、分からないと答える。とうとうその事務所があるビルの前に着いた。ここみたいだなと言うと、妻は、初めて来たと答えた。

中に入ると、男があからさまに不審な顔をして妻を見た。

「どうしたんですか、大丈夫ですか」

妻がまるで違う人間に見えたようだ。私は少し事情を話し、そして聞いた。

「妻は本当にここに来てお金を借りたんでしょうか？」

男はさらに不審な顔をして言った。

「ええ、確かに、この人がここに来て借りました。証拠をお見せしましょう」

と言って、彼は一つ一つ取り出した。

まず「金銭借用書」。七万一千円とあった。元金が五万円、一ヵ月後の利息が二万円、手数料が千円だった。そして「委任状」「建物立ち入り承諾書」「給与債権退職金譲渡承諾依頼書」。そして金を借りた日と同じ日付の「住民票」「印鑑証明書」。

忘れないように一つ一つ手帳に書き写す。金を借りる時に「住民票」や「印鑑証明書」が必要なことは聞いていた。その日付が大事だから確認するようにと弁護士から言われていた。しかし

「委任状」から「建物立ち入り承諾書」、そして「給与債権退職金譲渡承諾依頼書」まで書かされているとは。後で知ることになるのだが、これらは一切効力のないものである。つまり、無知な人間を怖がらせるための道具に過ぎない。金を払わないからといって、部屋の中に勝手に入り込めば「住居侵入罪」になる。「委任状」があっても法律的には無効だ。「給与債権退職金譲渡承諾依頼書」に至っては笑止千万だ。

しかし、その時の私はそのことを全く知らない。だから、家に踏み込まれ、強制的に家具をとられ、文句を言っても委任状を書いたじゃないかと言われると勝ち目がないと思っていた。とにかく必死に相手を説得した。妻はこういう状態です。虚脱状態で、金を借りたことも覚えていません。精神的におかしくなってます。ほかにもたくさん借りているようです。元金でなんとか勘弁してもらえませんでしょうか。

元金だけじゃ儲けがないと相手は言う。そりゃそうだ。では、プラス五千円でなんとか……。こういう交渉をこれから何軒の店とやらねばならないのか。結局、翌日に五万五千円を現金で持ってくるということで決着した。しかし、これも後で分かることなのだが、元金は五万円ではなかった。なんと三万円だったのだ。三万円が七万円、そして返済が遅れるたびに膨れ上がっていく利息。彼らは必ず嘘をつく。そしてできるだけ金をふんだくろうとする。無知な奴、誠実な奴、真面目な奴、そんな奴には骨までしゃぶろうとたかってくる。それを知らずに私は一軒ずつ回ることになる。五千円にまけてくれませんか。相手は私を見て思っているだろう。このばかが……。

恵比寿の「ライフ〇〇」に電話する。事務所を訪ねたいと言うと、駅前の喫茶店にしてくれと言う。やってきたのは銀行員風の男とスーツ姿の若い男の二人だった。若いほうがしきりに愛想をふりまく。

「旦那さん、お仕事の帰りですか、お勤め大変ですね」

お前の知ったことか。私は隣にいる妻を抱えて、途方に暮れている最中なのだ。喫茶店で話を聞く。六万円借りて一週間後に七万八千円返しだと言う。月末に二万円ずつ、妻ではなく私が払うという契約書を交わす。印鑑を持ってきてないので私の拇印《ぼいん》を押した。


水道橋の「ド〇〇ム」。妻はここの場所も分からないと言った。電話で道を聞く。ビルのエレベーターで七階へ向かう。どういうわけかヤミ金の事務所はビルの上階にある。襲われるのを恐れているのだろうか。こんな悪い奴、本当に押し込みたくなってくる。それを警戒しているのかもしれない。出てきた茶髪の男が、奥さん、大丈夫ですかと聞いてくる。この前はあんなに元気だったのにと言う。やっぱり、妻はここに来ている。妻は全く覚えていない。この店も、この男も記憶にないようだ。妻はうつろな笑顔を浮かべている。妻の状態を話す。五万円借りて七万円返しと言うのを、即金で用意するからと五万五千円にしてもらう。この店はえらく同情してくれた。いろいろな裏話もしてくれた。

「いったい何軒から借りてるの？」

と聞くので、分からないと答える。

「うちはちゃんとしたところだけど、中にはひどいのもいるからね。一回、金融課に相談に行ったほうがいいよ。民商でもいいけどね」

金融課？　民商？　そりゃいったいなんだ？

「民商にはうちもやられてね、参ってるんだ。警察なら生活安全課の防犯係かな」


その日は、五軒回っただろうか。妻はすべて覚えていなかった。来たことも、会ったこともないと言う。いったいどうしたのだろう。完全におしまいだ。精神が壊れている。上野の「フリー○○」では、私が話している最中、小刻みに体を震わせている。男が気持ち悪がって、やめろと大声で脅すが、妻はやめようとしない。男の説明では、妻は借りては返し、返したその日にまた借りている。そしてまた返し、また借りる。いったい、いくらになっているのか。残りは九万円だと言う。明朗な明細は見せない。ヤミ金とはそういうところか。むしろ、男のほうが、あまりにもヤミ金に対して無知な私にあきれている。だまそうと思えばいくらでもだませると踏んだことだろう。しかし妻の様子を見て、八万円でいいと言った。

いいようにあしらわれて、ぼろぼろになって、妻と家に向かう。途中、駅のホームで電車を待つ時、ふと思ってしまう。このまま、フラッと前に倒れて電車にひかれたら、どんなに楽だろうと。いやいや、まだまだ頑張るんだと自分に言い聞かせる。子供たちのことを考えなくては。子供たち三人には、とにかく自分たちだけでやるようにとしか言えない。自分たちで食事を作り、自分たちで勉強し、とにかく頑張れと言うしかない。お父さんは今、お前たちのことを思いやる余裕はないんだ。とにかくお前たちはお前たちで乗り切ってくれ。今後どうなるかは全く分からない。今を切り抜けられるかどうかも分からない。とにかく一つ一つ頑張るだけだ。


そんな気持ちで家の前に帰ると、大きく紙が貼ってあった。

「花田純子殿　大至急連絡せよ　大変なことになる　０９０−××××−××××」

子供たちには居留守を使うようにと言ってある。おそらく、以前と同じように、家の前で大声をあげて、妻の名を連呼したのだろう。とうといないと踏んで、貼り紙をして帰ったのだろう。これも後で分かることだが、家の周りで大声をあげること、ドアを叩くこと、貼り紙をすることは恐喝になる。特に貼り紙の場合は写真に撮っておくことだと言われた。完璧な物的証拠となる。

だが、その時はそんなことは分からない。近所の手前、私はあわてて貼り紙をはがした。警察は貸金業規制法を知らない。後日、生活安全課に行って相談した時、彼ら自身、何も知らなかった。夜九時から朝八時の間は家を訪問してはいけない、会う会わないはこっちの自由だから、来ても会う必要もない。そういうことすら警察は知らなかった。ましてや、無知な私が知るよしもない。完全に振り回されている。

家に入り、あわててその電話番号にかける。「○○空間」だと言う。とにかく口の立つ奴だった。奥さんと話したいと言うので、妻は今話せる状態ではないと答える。ではあんたが奥さんの代わりに払ってくれるのかと言うので、場合によってはと答える。場合とはどういうことかと聞くので、納得できたらと答える。

男は言った。奥さんの債権を譲渡してもらい、うちが処理することになった。全額で三十万円だと言う。おっと息をのんだ。ここだけは桁が違う。これまでのヤミ金はたいていが五万円から八万円の間だ。債権を譲渡という言葉が分からない。借金をたらい回しにしているという意味か。ちょっと待ってくれ、今から妻に聞いてみるからと私が言うと、嘘をついたのか、奥さんは話せるじゃないかと言う。いい加減疲れてきた。うんざりして妻と話してくれと言うと、お前が払うと言うからこうして話したんだ、どういうことだとすごんでくる。とにかく口が立つ。完全に言い負かされた。とにかく明日、私が事務所を訪ねると言い、その場は収まった。

その夜の最後の電話は「××商事」というところだった。払わないなら、若い衆連れて家財道具ごっそりいただきに行くからなと、他の業者と全く同じ脅し文句を言う。私は今日の行動でへとへとになっている。不慣れなことと、耳慣れない言葉、そして金銭交渉と脅し。どうしても弱気になってしまう。気を強くと思っても、貸してくれと言ったのはお宅の方でしょう、それも高い利息を納得して借りているんだからと言われると、返す言葉がない。どんどん気弱になっているところに、こういう脅しだ。無知なものだから、本当に押しかけてくると思ってしまう。現に数ヵ月前は何人かが家に来たではないか。明日も、明後日も、これが続くのか。

次の日は上野方面だ。地域的にまとめて動かなければ、交通費がばかにならない。

御徒町《おかちまち》の「ア○○ス」。ここは二十代の若い男が三人、パソコンを並べていた。決して威圧的ではない。脅しなどはしない。高校を出て、行くところがないから金貸しを始めたという感じだった。妻はここでいろいろ出し入れしている。借りては返し、返しては借りている。結果、残りは三万九千円だと言う。それぐらいならと、その場で払う。

東京都では、犯罪歴のない者が、四万三千円の手数料を払って登録をすれば、誰でも貸金業の営業を始めることができる。契約書に東京都知事登録業者と書ける。いかにも東京都知事に認められて、その後ろ盾で営業してるんだと言わんばかりである。三年ごとに更新となり、一回目が(1)、二回目が(2)、三回目が(3)と記録され、それが勲章のようになっていく。数字が多いほうが、処分を受けることなく営業を続けてきたあかしとなり、健全で優良な会社ですよということになる。ヤミ金とは、登録をしていようがしていまいが、高利で暴利をむさぼっている悪徳貸金業すべてをさす。三年も、六年も、九年も法律を犯しながら、おおっぴらに大手を振って営業し続けていることに驚かざるをえない。

十日に一割の利息を払うことを「トイチ」と言う。暴利である。東京都に登録されれば「都(1)」と書ける。これを「トイチ」と呼ぶ者がいる。安易に登録させる東京都をからかった言い方である。

犯罪者集団であるヤミ金を警察が取り締まらないのなら、国はなんらかの規制を考えるべきではないか。そもそも、ほぼ誰もが登録できることがおかしい。経済の根幹となる金をもっと慎重に扱うべきだ。十分な供託金がないと営業させてはいけないと思う。そして、違反者への罰則が軽すぎる。最高でも五年以下の懲役、もしくは一千万円以下の罰金である。これは数倍に強化すべきである。若いあんちゃんがパソコンに向かって金を融資している姿を見ると、痛切にそう思う。こんなに簡単に右から左に金が手に入るなら、汗水たらして働くのがばからしくなるだろう。彼らは、金を稼ぐのにきゅうきゅうとしている一般庶民を見て、なんと能のない奴らだと思っているだろう。

次は昨晩貼り紙をしていった、口の立つ「〇〇空間」だ。御徒町から上野まで歩く。少しでも交通費を節約しなければならない。妻と二人で会話もなく歩く。気持ちは押しつぶされそうだ。寄り添って歩くこともない。私の後ろを付いてくるだけだ。なんという人生なのだろう。するといきなり携帯電話が鳴った。息子からだった。今日は土曜日で学校も休みだ。三人で居留守をさせている。

「あっ、お父さん。今、玄関前で、大声をあげているんだけど、どうしよう。時々、戸を蹴ったりしてる。どうすればいい？」

「お前たちは今、何してるんだ？」

「妹たちは押し入れに隠れている」

「分かった。警察を呼びなさい。それで、お父さんはお母さんと別れてすぐ帰るから。警察が来たらそう言って」

「分かった」

いったい誰だ、家に押しかけてきた奴は。考えられるのは昨晩の電話の「××商事」だ。若い衆を連れて家財道具を引き上げると言った。脅しではなく本当に来やがった。私はすぐ手帳を見て電話した。

「お宅か、今、家に押しかけているのは」

「いや、うちじゃないね。うちがやる時は本格的に徹底的にやるから」

「とにかく、お宅のいうようにするから、押しかけるのだけはやめてくれ」

「うちは第一弁護士会、第二弁護士会、それに司法書士、それらすべてに手が回してあるから、旦那さん、そのへん踏まえておいてよ」

「分かりました」

妻一人を、あの口の立つ「〇〇空間」にやらせるのは心配だったが、まあ、一人で行って金を借りたわけだから大丈夫だろう。私は妻と別れ、いそいで地下鉄に乗った。地下鉄の速度ののろいこと。家で身を潜めておびえている三人の子供のことを思いやると一秒でも早く家に帰ってやりたい。後で、いちばん下の子に、どうだった？ と感想を聞くと、冒険しているようで面白かったと言う。ねえ、今度また変な人が来たら、もう一度押し入れに隠れていい？ と目を輝かせて言う。やはり子供はいい。人間という生物は大人になるからいけないのかもしれない。子供のまま生き続けることができたら、なんと素晴らしいことだろう。子供のけなげさが妙に悲しい。

マンションに帰ると、近所の数人が何事かとのぞき込んでいる。ご迷惑かけますと言ってわが家に向かった。二人の警官が玄関にいた。戸を開けるとこわごわと子供たちが寄り添っていて、私を見て飛びついてきた。警官に事情を話す。警察には以前うちに来た記録があるのだろうか。うちがヤミ金にかかわっていることを知っているのだろうか。

警官と話しているうちに電話が鳴った。「×××××」というヤミ金だった。今、取り込んでいると言うと、逃げるなと言う。思わず、警察が来てるんだと怒鳴ってしまった。お前んとこガサが入ったんかい、とせせら笑う。ガチャンと電話を切った。警官は、分かりました、気を付けてくださいと言って帰っていった。後で留守電を聞くと、開けてください警察です、大丈夫ですから開けてくださいという声が録音されていた。子供たちはそれを聞いてほっとしたのだろうか、それとも、えらいことになったと思ったのだろうか。暗闇の中で見つめ合う子供たちの瞳を思ってしまう。

警官が帰ってものの十分もしないうちに、下のインターホンが鳴った。

「旦那さん？　ちょっと下に降りてきてくんないかなあ」

ちょっとすねたような、不満ありありの声だった。警官が帰るのを見て、インターホンを押したようだった。

下に降りると、スーツをびしっと着込んだ男二人が、ねめつけるような目つきで近付いて来た。

「おめえよお、なんだこりゃ、いきなり警察呼ばれたのは初めてだぜ」

明らかに機嫌が悪い。私の胸元にまで顔をすりよせてくる。

私はかなりびびっていたはずだが、場慣れしたこともあるのか、不思議なことに、震えもなければそれほど恐怖もない。

「……子供が、勝手に呼んだようで……」

男たちは明らかに下っ端だった。誰かに言われて来たというのがよく分かった。

「おれの顔見てよ、お前の息子、ぶるぶる震えやがってよ。おれはな、子供を脅すのがいちばん嫌いなんだ」

だったら脅すなよと思った。そうかそうか、息子よ、父の前ではいかにも平気な顔をしていたが、やはりお前も怖かったか。親の代わりに必死に妹たちを守ろうと気を張っているお前の姿が浮かぶ。男たちは「自由○○」の者だと名乗った。五万円借りて七万五千円返すのが、二万五千円、一万五千円、一万二千円の五万二千円しか払われていない。後七万五千円だと言う。計算が合わないが、借用書を見れば分かるだろう（本当は見ても分からない。何回も返し、また借りてと繰り返すと、記録がないので不明になる）。

私は、今、金がないと言った。車を持っていないの？　車は免許証もない。ほかで借りてよ。どんなとこで？　武富士とかアイワとかアイフルとか、よく聞くでしょ。ああ、女の子がタイツで踊っているやつ？　そうそう、そこで借りてよ、借りられないの？　さあ、借りたことがないから……。

こういった押し問答が続き、私が金を作って事務所に持っていくということで、なんとか彼らを納得させた。

「事務所に来る時、金を持ってこないと大変なことになるよ」

とうそぶいて帰っていった。

後で分かるのだが、こいつらはとんでもない嘘をついていた。十万円以上を貸していると言うが、それは全くの大嘘だった。もちろん、それに気付いたのは金を払ってしばらくしてからである。その後すぐ廃業したとかで、取り返すことはできなかった。


保証人でない人間に、たとえ配偶者であろうと、借金の肩代わりをしろとか、金を立て替えろと言うのは、貸金業規制法で禁止されている。内緒で妻が夫を保証人にしても、夫には保証人としての責任はない。親子も同じで、勝手に子供が親の名前を保証人欄に書いた場合も、親には保証人としての責任はない。こういうことを知っていれば、なんとか対処の仕方もあっただろうが、私は無力だったし、やってきた警官もあまりにも無知だった。

家に帰ると、すぐ電話が鳴った。「フ△△△ド」といい、七万円貸していると言う。事情を少し話すと元金でいいから返してくれと言う。元金はいくらだと聞くと、その七万円が元金だと言う。本当は利息を入れると十万円なのだと言う。和解契約書を送りたいと言う。今、取り込んでいるからと言うと、実は私はお宅の家の近くに住んでましてね、会社の帰りに持っていきたいと言う。ちょっといろいろあるので、また連絡しましょうということで電話を切った。

そうしたらまたすぐ電話が鳴る。あの「○○空間」だった。そうだ、妻を一人でやらしたのだった。すっかり忘れていた。いきなり、どうして来なかったのかと、吉田と名乗る男が詰問してきた。来ると言ったじゃないか。私は事情を説明した。それどころではなかったのだ。妻から聞いてもらえば分かると。そんなことはうちには関係ないと吉田は言った。とにかく今から奥さんを車に乗せて家まで送るから、家にいてくれと言う。必ずだよと念を押す。

一時間もかからなかった。下のインターホンが鳴る。着いたと言う。下に降りると黒塗りのゆったりしたベンツが横付けされていて、後ろの席に妻がいた。降りようともしない。男が二人いた。ゆうに百キロを超えている太った男と、やけに目つきの鋭いヤセた若い男だった。二人とも黒のスーツ姿だった。運転席のデブのほうが位が上らしく、ヤセをあごで使っていた。あなたが吉田さんですかと聞くと、いいえ、私は吉田の代理ですと答えた。やけに丁寧な言葉遣いだ。デブは車の中で話していいですかと言い、私を助手席に入れた。

奥さんは「△△ワン」というところから十五万八千円、そして「○○空間」から十二万五千円の借金をしていると言う。奥さんがこういう状態なので、旦那さんに支払いをお願いしたい、こうして契約書も持ってきたのでぜひお願いしたいと言う。私は妻の状況を話す。その間、妻は後ろの座席で一言も話さなかった。何か縮こまっていて、半分ぐらいの大きさに見えた。目はうつろである。隣にヤセがいて、一言も話さないが、じっと私をにらむように見つめ続けている。妻は脅されているのかと一瞬思った。デブは同情的な口調で言った。

「お気持ちは察します。でもね旦那さん、奥さんは常習です、金を借りるのは癖なんです、病気なんです。こういう人は甘やかしてはいけない。スーパーのレジとか、わずかな収入でもいいんです。労働して稼ぐ努力をしなければいけません。そうしないといつまでたっても治りません」

なるほど、その通りだと思った。この男の言う通りだと思った。パートの仕事をさせながら、少しずつ返していこう。そうすればなんとかなるだろう。長い時間がかかるだろうが、人生をやり直すしかない。そう思った。デブが差し出す契約書に、私は拇印を押そうとした。しかしその時、はっと我に返った。

「妻の借用書を見せてもらいたい。それが本当かどうか確かめないと押せない」

とデブに言った。するとデブはいきなりあわてだした。もうちょっとで判を押すところまでいったのにという感じがありありだった。

「ちょっと待ってください。吉田と話しますので」

とデブは車の外に出て、あわただしく携帯電話を取り出した。私は後部座席の妻のほうを向いて言った。

「大丈夫か？」

妻はうんともすんとも言わなかった。隣のヤセは相変わらずぎらつく目で私を見つめている。野卑《やひ》をむき出しにしてがなりたてる奴よりも、こういう奴のほうが怖い。

デブが平身低頭している。やがて、私を招いた。私は車を出た。借用書を見せてもらうのは当然だと思っていたから、デブが差し出す電話をすんなり受け取った。

いきなりの怒鳴り声だった。

「何様だと思ってんだ！　来ると言うから待ってたら来やがらねえし、かみさんを送っていけば、借用書を見せろだと、ふざけんな！　人をこけにしやがって、引き上げるぞ、いいのかそれで！」

いきなりの罵声に私も思考力を失った。

「……でも借用書を見せてもらうのは当然の権利でしょ」

と言うのがやっとだった。

「ぐじゃぐじゃぬかしやがると、これから行くぞ。家の中かき回してやるぞ、かみさんの承諾書があるんだ……」

男は怒りながら、立て板に水で延々と恫喝《どうかつ》してくる。私はまだ法律的なことは何も分からない。

警察は来たが防御にはならないということは先ほど分かった。一人自分だけで戦うにはあまりにも無力だ。私はデブを視線で追った。先ほどあれほど親切な言葉をかけてくれたではないか。するとデブは私の視線を避けるようにあちこち動いている。私は気力を振り絞って言った。

「……でも……」

「でもも糞《くそ》もあるかい。イエスかノーかだ。どっちじゃい」

「……」

「……」

「……分かりました」

完全な負けだった。逆らう力はもう私には残っていなかった。こういう奴をインテリやくざというのだろうか。やくざの非論理的な言い方には、一般人は押しまくられ必ずやられてしまうだろう。いわば因縁を付けているようなものだ。それに勝つ方法は今の私にはない。私はデブの言うまま拇印を押した。来月から月末に三万円ずつ九回、計二十七万円を「〇〇銀行上野支店、普通、1234567××シロウ」に振り込むこと。振り込む前日の二時までに、振り込みの確認の連絡を入れること。本当は二十八万三千円なのだがまけときますとデブは言った。この丁寧な言葉遣いをする男の心はほくそ笑んでいる。こいつは弱い奴を、今、骨までしゃぶっている。

すべてを失って

妻と私を置いて、車は走り去った。今ごろ車の中で笑いが止まらないだろう。あっと言う間に二十七万円だ。だまし取られるとはこういう感じなんだろう。脅されて屈した。私に無力感だけが残り、それが次第に膨らんでいった。私はいったい何ができなかったのか。私には何ができるのか。私に防ぐ力がないとすれば、私はいったい何者なのか。価値なき存在、それが私だった。言うがままに、され放題で、むしり取られた。子供が三人いるのに、こんな親が家族を守るとよく言えるものだ。虚勢を張って生きてきて、それがはぎ取られて、今、お前の本性がさらけ出されている。なんの価値もない。親としての資格もない。お前は子供たちを守ることができない。私と妻は一言も話さず、ふたたび家に帰った。

私の中から消えてしまったもの。それは何がなんでも生きていこう、どんなことがあっても頑張ろう、そういうパワー。それを完全になくしてしまった。いったいどうすればいいんだろうという状況には、これまで何度か直面してきた。しかしパワーがある限り心配はいらない。そのつど跳ね返してきた。だが、そのパワーがなくなってしまえば……。家の中で座り込んだまま、薄暗くなるまでボーッとしていた。電話は留守電にしていた。何回か鳴ったが出なかった。出る力がなかった。

以後今日まで、私は街で◯◯銀行を見るとこのことを思い出す。あのワインレッドの色を見るとこのことを思い出す。トラウマとして完全に植え付けられてしまった。今後も、私はこの銀行と一切取引をしないだろう。

夕方遅く、玄関のチャイムが鳴った。ドアを開けると、赤いシャツにジーンズの男が立っていた。「ア△△△ス」だと言う。十万円借りて返しに来ないと、聞こえよがしに大声で言う。分かったと言って、妻と一緒に下に降りた。車の中で話を聞きましょう。先程に続いてまたしても車の中だ。男は国産のスポーツカータイプの車に乗っていた。利息の一万円を返しに来たが、以後連絡がない。違約金二万円がついていると言って、契約書のほかに、違約金などの証書、その他を取り出して見せた。間違いない。疑う気はもう私にはない。その通りに妻は借りたのだ。それは確かだろう。問題はどう逃れるかだ。どうやってこの状況から逃れることができるのか。

今、金がないと言うと、この車でほかのヤミ金に連れて行くから、旦那が借りてくれと言う。強引だ。逃げようにも逃げ場もない。妻は相変わらず一言もしゃべらない。分かった。銀行から下ろして払おう。しかし、今日は土曜日だからもう銀行は閉まっている。無理だと言うと、コンビニがあると言う。私はコンビニで銀行の金が下ろせることを知らなかった。手数料がばからしくて、必ずその銀行の手数料無料の時間帯で下ろすことにしている。男はコンビニで下ろしてこいと言う。私は近くのコンビニに向かった。手数料を五百円ぐらい取られたと思う。交通費をけちって歩く私が一気にばからしい金を捨てている。車に戻って男に金を渡す。男はその場で契約書などを破いた。それではと言って去って行った。私と妻は、また路上に残された。これで完全に金はなくなってしまった。手持ちの金も貯金もゼロになった。今回の事件をもみ消そうにも、もう金がない。私は完全に崖っぷちに追い込まれてしまった。

夜、下のインターホンが鳴った。出ると「フ△△ド」だと言う。近くに住んでいるので寄ってみましたと言う。そうだった、まだ一軒残っていたと思い出した。だが、今は顔も見たくない。悪いが今は会える状況ではないと言う。男は昼間からのいきさつを若干察しているようで、私の声の沈み方を聞いて、尋常でないと思ったのか、即座に分かりましたと言い帰っていった。こいつとは、ひょっとして子供たちの運動会で会っているのかもしれない。お互い、善良そうなふりをしてすれ違っているのかもしれない。だが、そんなことはどうでもいい。

インターホンの音を最小に絞る。聞こえるか聞こえないかの音にする。鳴っても出ないと決めた。留守電の音も切った。さてどうする。残る方法は一つだけだった。私の兄に頼む。それしか道は残されていない。他の兄弟姉妹や友人は金がない。私の兄は退職したばかりだった。これから残りの人生を悠々自適に過ごしたいと思っていることだろう。私に金を貸してくれるかどうか分からない。ましてや、その兄とは喧嘩別れしていた。私の親のこと、兄弟姉妹のことでことごとく意見が違い、ある夜などは、私の家に泊まる予定で来ていたのに、怒って夜中の二時に下着姿でタクシーで帰ってしまった。マンションの保証人になってくれないかと頼んだが、断られたこともある。だから、本当はお願いしたくない。だが、もう虚勢を張っている力はない。完全に追い詰められている。私は兄に電話した。何をどう話したか覚えていない。借金を申し込んだのか、あるいは探りを入れたのか、完全に覚えていない。たぶん、なんやかや言われたのだと思う。すんなりと、じゃ貸そうという間柄ではない。何を話したか分からないまま、私は電話を切った。

次の日は日曜日だった。業者からは電話はなかった。日曜日は業者も休みだということを初めて知った。ヤミ金ではないが、一ヵ所、上野の「〇〇チケット」というところから電話があった。奥さんが、東京大阪間の新幹線切符四回分を買われて、七万二千円のうち半分は払ってもらったが、残り三万五千円、それに延滞金と賠償金で四万九千円あると言う。

驚いた。大阪への新幹線切符だって？　いったいなんのために？　大阪へ行く用でもあったのだろうか。そんなはずはない。一言もそんな話は出ていない。では、なぜ切符を買ったのか、そしてなぜその代金を半分しか払わなかったのか。そして、大阪へは実際に行ったのだろうか。日帰りだったらその可能性はある。妻は大阪に行きたかったのだろうか。私は何がなんだかさっぱり分からなくなってしまった。

やはり妻と別れよう。こうなっては早いほうがいい。即、離婚しよう。だが、子供はどうする。いちばん上の長男は高校を卒業したが大学は入学試験も受けなかった。あんな事件があったから、勉強どころではなかったに違いない。申し訳ないと思う。しかし、高校は一応卒業している。苦しいだろうが、バイトをしながらなんとか一人で生きていけるだろう。その後の人生は自分で決めてもらうしかない。二番目の長女は中学三年生になったばかりだ。そしていちばん下の娘は小学四年生。この二人をどう育てていくかだ。

私はたぶん、これまで通りの生活を続けるわけにはいくまい。なんとかしてもっと稼がねばならない。いろんな形での出費と返済。今住んでいるところも出て、もっと安いところを探さねばならない。三十年来集めてきた本とかも売るしかない。人生のすべてを捨ててやり直すしかない。肉体労働で夜間も働かねばならないだろう。仕事があればの話だが。五十を過ぎた私にそんなに金になる仕事があるとも思えない。なんの技能も能力もない。ホームレスになる寸前だ。私一人ならなんとかなるかもしれない。娘二人を抱えると難しい。飯も作ってやらねばなるまい。料理などしたことのない私が、はたしてうまく作ることができるだろうか。

遠く離れたところにいるすぐ上の姉のことが浮かんだ。定年退職した夫と二人暮らしだ。二人子供がいるが、どちらも結婚して都会で暮らしている。私と年齢は三つしか離れていない。なんとかしてくれるかもしれない。電話した。

「ひょっとしたら、万が一だけど、娘を二人あずかってもらえるかなあ」

姉は驚いたようだったが、声には出さない。昔から冷静な姉だった。

「どうしたの?」

「事情は込み入っていて今は説明できないけど、離婚すると思う。しばらくでいいから、娘だけでもと思うんだけど、大変だけど、どうかなあ」

「私のほうも娘が出産で帰ってくるの。それと、私も歳だからね、今、二人あずかって育てていける自信がないわ」

当然だと思った。たとえ弟の子供であろうと、中三と小四の女の子だ。私の子はすごく物分かりがいい。親のことをすごく心配してくれる思いやりのある子だ。しかし、いかに手がかからない子であろうと、知らない思春期の子である。ちゃんと育てるのは大変だ。

姉は言った。

「ごめんね。どんな事情か分からんけど、助けられなくてごめんね」

ありがたかった。どんなことがあろうと兄弟姉妹は兄弟姉妹でないと分からない温かさを含んでいる。うれしかった。しかし、やはり、娘二人は私が育てるしかないだろう。


妻が通帳とカードと印鑑がないと言いだした。私はもうどうでもよかった。それがどうしたというのだ。もう遅いのだ。妻は自分の部屋を一生懸命捜し続け、ついに見つけたと言って私を呼んだ。私が部屋に入ると、妻は右手に印鑑袋、左手に通帳を持って、私を見つめていた。どうしたと怒り声で私は聞いた。それがどうした。この期《ご》に及んで、それがどうしたというのだ。妻は、印鑑袋は本棚の後ろ、通帳は机の裏側に粘着テープで貼り付けてあったと言う。お前がしたんだろうと言うと、私はそんなことはしないと言う。それもそうだ。わざわざそういうことをする必要があろうはずがない。いったい誰から隠すためにするのか。しかも、しゃがんでも見ることができない机の裏側にどうしてテープで留めておかねばならないのか。妻は、まだまだあるはずの他の銀行の通帳とカードがないと言う。

私は疲れ切っていた。だが、通帳があれば、振り込み、引き落としのデータが残っている。それが分かればもう業者の言いなりにはならない。こっちの証拠を提示すれば、相手も嘘をつくことはできないだろう。だが、この妻の部屋をどうやって捜すというのだ。そばで長男が聞いていた。そして言った。

「父さん、しらみつぶしに捜してみようよ。これぐらい、二時間ぐらいあれば捜せるよ」

これほど長男を頼もしく思ったことはなかった。気弱な駄目な親を支えようとしている。大きくなったなと思った。よしやろうと私は言った。家捜しが、いや、部屋捜しが始まった。右隅からしらみつぶしに捜そうということになった。たんすの引き出し、本棚、段ボールの山、すきまがあればそこに手を入れてみる。机の中から裏まで。そのうち、妻は頭が痛いと言いだした。ちょっと寝ていい？　と言うので、ああと答える。長男と二人で作業は続いた。長男が声をあげた。

「あった」

カードが出てきた。いちばん下の本棚の上裏にテープで留めてあった。それしか発見できなかった。私も長男も疲れてきた。ばからしい。なんのためにこんなことをしなければならないのだ。妻が起きてきた。一時間ぐらい寝ただろうか。いきなり言った。

「茶色の箱が見える」

そういえば妻には捜す能力があった。それは経験で分かっていた。だが、事ここに至って、そんな能力になんの価値があろう。それでわが家は救われるとでもいうのか。追い詰められた今ではなんの喜びがあろう。茶色の箱？　長男はこれかなあと言って薬箱を手に取った。確かに茶色である。裏を見る。何もない。開けてみる。薬が詰まっている。そのいちばん広い場所を探った。底に何かがある。取り出してみた。畳まれた茶封筒が出た。そして、その中に銀行のキャッシュカードが何枚か隠されていた。

妻はめい想している。

「段ボールが見える」

段ボールならさっき確認した。でももう一度やってみよう。段ボールは五段に重ねて積んであった。上から下ろしていく。三段目の段ボールを下ろした時、壁とこすれてボトッと袋が落ちた。通帳が束になってその袋に入っていた。

もっとほかに何か見えないかと妻に聞いた。首をかしげている。もう見えないらしい。

そして妻はぼそぼそとこう言った。

「そう簡単に発見されるようなところに置くもんか」

えっ？　と思った。信じられなかった。何かの聞き間違いか。いや、確かに妻はそう言った。

私は妻を見つめた。妻の顔つきがおかしい。目が吊り上がって、きついまなざしをしている。続いて妻は言った。

「ざまあみろ」

私は立ちすくんだまま、妻を見つめていた。妻は私の視線に気付くとふっと顔つきを変え、出ていった。まるで妻とは違う別な人間を見ているようだった。妻はやはりおかしい。狂っている。

私は自分の部屋に戻り、出てきた通帳を開いた。がく然とする。妻が事件を起こしたのは去年の十一月。その四ヵ月後にまた事件を起こした。いったいなぜといつも思っていた。しかし通帳に書かれていた事実はもっと衝撃だった。なんと、妻は前の事件の直後に、すぐヤミ金で借りていたのだ。これはいったいどういうことだ。妻にはなんの反省もなかったのか。私ともう一度信頼関係を築こうという気持ちは全くなかったのだ。あの暗いかたまりでふさがれそうな気持ちを抱いて弁護士のもとを訪ねたころ、その足で妻はまた借りていたのだ。この女、どういう女だ。その時抱いた気持ちをどう表現したらいいだろう。どんな言葉も当てはまらない。空白という感じだろうか。何も考えられない。何も感じない。何もない。私はどこにもいない。虚無。

二時間、私は自分の部屋にこもっていた。どうするか、どうするか、という想念だけが頭をよぎった。こんな時、楽しい昔を思い出すことは何もない。どうするか、どうするか、それだけだ。そして、ついに覚悟した。妻を部屋に呼んだ。

通帳の話をした。金を借りている日付のことを話した。誠意の話をし、信頼の話をした。どこまで通じるか心もとなかった。そして最後に言った。もう金がない。私は妻に言った。

「死んでくれ」

妻は即座に答えた。

「嫌だ」

前々から予期していたのだろうか。恐怖の顔をした。いつ言い出されるかと覚悟していたのだろうか。ついにその時が来たという顔をした。

私はもう一度振り返って細かく経緯を話した。会社設立の件。そしてヤミ金のいきなりの電話。弁護士を入れたこと。その一年前に別の弁護士を入れて、別の債務を整理中であったこと。そして、また今回の事件。それが、私と一緒に弁護士のところに行った直後からずっとやっていたこと。もうお前は生きていてもしょうがないと言った。子供のことを考えるなら、こんなことはしないはずだ。もうお前は子供のためにも死んだほうがいい。いや、死ぬしか道はない。どうにもならない。助かる道はない。おれもいろいろやったけど限界だ。もうどうすることもできない。まだまだこれから苦難が残っている。死ぬしかない。明日は月曜日だ。また奴らがやって来る。死ぬのは今日しかないのだ。

「嫌だ。絶対嫌だ」

と妻は言った。私と妻はじっとにらみ合った。目をそらすことはない。見つめ合った。そして私は言った。

「分かった。おれも一緒に死んでやる。だから死んでくれ」

妻は絶句した。まさか私も死ぬとは思ってもいなかったのか。動揺していた。私は真実、そう思っていた。もう生きていてもしょうがない。子供たちにはかわいそうだが、こんな親ならいないほうがましだろう。この女と一緒になったのも何かの縁だとすれば、こうして死の道行きをするのも運命なのかもしれない。これでエンドだ。いいだろう。私の気持ちは決まっていた。怖くなかった。死ぬことはもう怖くなかった。死ぬ方法はもう考えていた。春になったとはいえ、まだ今日は身震いするほど寒い。風が冷たい。近くに荒川が流れている。その橋の真ん中から一緒に飛び込む。水は深く、冷たい。五分もあれば楽になれるだろう。いや、三分でいいかもしれない。苦しいのはその三分だけだ。

妻はまた言った。

「嫌だ」

私は私の部屋を見回した。私の興味のあるものをずらりと並べている。これが私の過ごしてきた人生のすべてだ。そして私は今、これを捨てる。私の人生を捨てる。お前も捨てろ。捨てるしかない。妻は言った。困惑した表情を浮かべて言った。

「実感がないのよ。私がしたとは思えないのよ。半分は私のこととは思えないのよ。どうしても実感がないのよ。本当に私がやったということが」

私は言った。お前は何かに取りつかれている。何か分からないが、お前は時々お前ではなくなる。恐ろしいことだ。時々、超能力的なことを発揮するのも、そのせいかもしれない。いいじゃないか。そいつは悪いことばかりするんだから。そいつと一緒に死のうじゃないか。そうすれば終わりだ。そいつが死ねばもう悪さをすることもない。

「実感がない、実感がない、実感がない」

と妻は繰り返し言った。私は言った。

「実感がなくてもしょうがない。すべては終わったんだ」

私は目をつぶって暗闇を見つめた。すでに死んだ父と母の姿を思い浮かべた。すみません、せっかくもらった生命、終わりにさせてもらいます。もう無理です。許してください。暗闇の中で父と母はゆっくりとうなずいた。分かってるよ、お前は力の限り生きようとした。いいよ。分かってるから。父と母は了解してくれた。

私は妻に言った。

「最後に子供たちと一緒に買い物に行っておいで」

「嫌だ」

と妻は言った。もう話すことはない。長男を呼んだ。夕飯のおかずを買ってきてくれないか、お前の好きなものを買っておいで。こういう時、長男は決して断ったことがない。親をよく見ている子だ。親がつらいと敏感に察する子だった。

妻は自分の部屋にこもった。私は一人になり、遺書を書くため四百字詰め原稿用紙を取り出した。一人一枚にするつもりだった。心は冷静で、すらすらと書き進む。死を覚悟すると透き通るような感じになるのかもしれない。まず私の兄あてに子供を頼みますと書いた。次に私の先輩に書いた。私の志をいちばん知っている人だった。きっと私の無念さを分かってくれるはずだ。次は私が夜逃げした時かくまってくれた友人。本当に心配してくれた。そして、長男へ。長女へ。次女へ。その他お世話になった人々の名前を列記した。そして連絡先。最後にこう書いた。

葬式無用、墓無用、散骨してください。

○○（長男）はもう一人で生きていきなさい。

○○（長女）と○○（次女）はできたら一緒に暮らさせていただきたい。

二時間ぐらいかけて一気に書き終えた。迷うことはなくすらすらと書けた。最後の食事をみんなでとった。何を食べたか記憶にない。私は子供たちの顔を目に焼き付けておこうと一人ひとりを気付かれないように見つめた。さようなら、ごめんな、私たちがいなくなってお前たちが悲しむ姿が思い浮かぶ。だが、しょうがない、本当にどうしようもないんだ。許してほしい。

　食事が終わって、妻を部屋に呼んで遺書を見せた。一緒に死ぬ決意が本当に本当であることを知らせたかった。妻は一枚目を読んでいる途中から泣きだした。読み進むにつれてすすり泣きに変わり、鼻水を垂らしながら泣いた。そして、子供たちへの遺書になると、声をあげて泣きはじめた。私はじっと待っていた。妻は子供たちへの手紙を、声をあげて泣きながらなんとか読み続けた。そしてとうとう読み終えた。

　妻はようやく死を決意した。

「分かりました。死にます。お父さん、いろいろお世話になりました。最後に一つだけお願いがあります。私だけ死にます。あなたは死ぬ必要は全くありません。お父さんだけは生き延びてください。でないと、子供たちが……、子供たちがかわいそうです。お父さんも死んでしまえば、子供たちはまた私と同じような人間になってしまう。〇〇（長男）は別として、特に末っ子の〇〇はきっと私と同じ人間になってしまう。それだけはなんとかしなければ。あなたには生き残ってもらいたい」

　妻は椅子から崩れ落ちて泣いた。妻は五歳の時、親から捨てられ、孤児院で育てられた。今私と妻が死ねば、子供たちもまた同じ道を繰り返してしまうというのだ。

「しょうがないよ、それは、それが運命なら、そうなるしかないじゃないか」

と私は答えた。私は妻が親に捨てられ、どんなにつらい思いをしてきたかを知っていた。今こういう形で死ぬことがふびんでならない。何一ついいことのない人生ではないか。こいつ一人を死なせるわけにはいかない。子供たちには申し訳ないが、一人で生きていってもらうしかない。私たちが死ぬのは子供たちが寝てから三十分後、そのころに家を出ようと私は言った。妻は最後にこう言った。

「私は怖い。本当に怖い。お父さんにはよく話したから信じてもらえると思うけど、私は本当に霊が見えるのよ。この家にうようよ浮かんでいるのよ。それがみんな苦しそうな顔をしてるのよ。あれは自殺した人たちなのよ。私には分かるの。自殺すると浮遊霊としていつまでも成仏できないのよ。それが怖いの。私もああなると思うと本当に怖いのよ」

私はじっと宙を見つめて考えた。妻は確かに見えないものを見る。霊が見えるのは確かだ。あっちの世界が見えるのも確かだ。だから自殺した者が浮かばれずに、こうしてなんとかしてくれとすがりついてくるというのも本当だと思う。特に妻のような霊能者を頼って、必死にすがりついてくるのだろう。だけど、だけどと私は言った。

「おれたちは自殺するのではない。一生懸命、頑張った。もう駄目なんだ。限界なんだ。そのような者に対してはきっと成仏させてくれるよ。特にお前は大丈夫だよ。お前の中には取りついている奴がいる。そいつがお前を地獄に落とそうとしている。だから、お前はそいつをやっつけるために死ぬんだから、お前は自殺するのではない。自殺するとすればおれだが、おれは覚悟ができている。もういい、もう十分だ。永遠に浮遊霊として漂う苦しみを味わっても、もうこの世に別れを告げたい。おれのことならいい。覚悟はできているから」

妻はじっと私を見つめ、下を向いて考え込んだ。そして顔をあげて言った。

「そうよね」

決まった。妻も覚悟ができた。後はもう一、二時間後だ。

そして運命の電話が鳴った。私の兄からだった。昨日の電話に何か異変を感じたのだろう。どうしてる？　と聞いてきた。その声を聞いて、私はこらえきれずに泣いてしまった。もうこの世に未練はないと冷静だったはずなのに、最後の最後で心が崩れてしまった。私は声をあげて泣いた。今、二人して死ぬとこだったんだ。兄は驚いた。ばかなことはよせ、子供たちはどうなるんだと言った。後、何を話したか覚えていない。それっぽっちの金で死ぬなんてばかかとか、いろいろ事情を聞いてきたと思う。電話を切ったが、すぐまた兄から電話がかかってきた。話し終えて切るたびにまた電話してきた。私が死を本当にあきらめたのか気がかりだったのだろう。

「明日振り込むから、足りなければもっと言ってこい」

という兄の言葉しか覚えていない。

私たちはこうして生き延びることができた。

その夜、暗闇を見つめながら私は思った。自分の運命を、自分のこれまでの過去を、そして自分の行く末を。そして私は気付いた。私には早急にやらなければならないことがある。畜生と思った。見ておれよ、お前を引きずり出してやる。妻をなんとしてでも救ってやる。私にはうっすらとした確信があった。強くはないが、確かに、妻がこうではないかという確信があった。妻の中にいる奴め、お前と対決してやる。見てろよ。もうすぐだぞ。私の中の遠くからパワーがよみがえってくるのがよく分かった。これから私の本当の戦いが始まるのだと思った。

多重人格

日比谷シャンテの横のビルにそれはあった。名前を呼ばれて部屋に入った。

精神科医は町沢静夫といった。五十代半ばと思われる温厚そうなゆったりとした人だった。探し求めていた人と私はようやく会えた。この人の居場所を突き止めるのに何日もかかった。私は彼を必死で探していた。彼の本を読んでいたからだった。

一回だけ別の精神科医へ妻を連れていった。駄目だった。なんの診察結果も出ない。カウンセリングが終わるといそいで帰ろうとするその医者を引き止めて、妻の症状を聞いた。時間がかかります、精神科とはそういうものですとだけその医者は答えた。面倒くさそうな受け答えだった。この医者には妻は治せない。なんとか町沢医師を見つけなければならない。私は町沢医師の本を五冊読んでいた。その中の一冊に強くひかれていた。この医者しか私の妻は治せないと確信していた。

「よろしくお願いします」

「どうしました?」

私は手短に経過を話した。たぶん三分ぐらいで話したと思う。それで全部伝わったと感じた。それで十分だった。

「分かりました」

と町沢医師は言って、妻に向かって尋ねた。

「小さいころ、虐待がありましたか?」

「孤児院で毎日のように園長夫人から物差しで殴られました。泣くと押し入れに入れられました」

「ほかに何か覚えていますか?」

「野良猫が子供を産むと、生き埋めにしてこいと言われた。すごく嫌だったけど、私には行くところがないんです」

「ほかには?」

「五歳の時、五百円札一枚持たされて、親はいなくなった。餓死寸前で助けられて、それから孤児院に送られました」

「誰か中にいますか?」

「時々、声が聞こえます」

町沢医師はゆっくりと立ち上がり、妻に近寄って、妻の額に右手を当て、左手を妻の後頭部に当てた。

「さあ、出てらっしゃい。誰ですか、話したい人、出て、私と話しましょう。さあ、出てらっしゃい」

それだけだった。それだけで、妻の顔が豹変《ひょうへん》した。ものの一秒もかからない。妻はいつも二重まぶたである。その顔がみるみる変わり、一重まぶたになり、そして険悪な顔になった。そして声を発した。

「待ってたぜ、この時を」

低い声だった。男の声といっていいほど低い声だった。かみそりのように薄い目だった。その目が、ねめつけるように町沢医師を見、そして私を見て言った。

「ようやく本当にお前と話す時が来たな」

多重人格者、花田純子の心の扉が今、ようやくゆっくりと開かれようとしていた。

町沢医師がいろいろ聞く。

「あなたの名前は?」

「カオリだ」

吐き捨てるように言う。すべての物事に敵意を抱いている目つきをしている。

「あなたはいつからいるの？」

「こいつとは長い付き合いだ」

「あなたが金を借りたの？」

「ああ、俺《おれ》が借りまくった」

「借りた金は何に使ったの？」

「言わない」

「どうしてそんなことするの？」

「俺はこいつと仲が悪いんだ。困らせてやるんだよ」

「ほかに誰がいますか？」

「ほかに？　いろいろいるよ」

「何人いるの？」

「あと、男と女かな」

「昔のこと、何か覚えてる？」

「ものを盗んで、それを純子に押し付けた。純子は何もやってないし、盗んだだろうと言われて目を白黒してた。おかしかったぜ」

町沢医師と妻、いや、カオリとの会話をそばで聞きながら、私は涙が出るのを抑えられなかった。涙がぼろぼろ出てきた。悲しいから泣くというのではない。つらいからでもない。何もない。だけど涙が出る。とうとうここまで来たか。妻よ。つらかっただろうな。ようやくやっとたどり着いた。長い道のりだった。やっと、本当のお前と会えたのだ、よかったなという感慨だった。妻がかわいそうで私は泣き続けた。

その診療所では、持ち時間はだいたい十五分ぐらいと決められているようだった。待合室で次の人が多く待っている。今度の日曜日に、目白の「家族ラボ」というところに来てくださいと町沢医師は言った。そこはゆっくりとカウンセリングできる、町沢医師と仲間の診療所のようだった。

「先生、妻の病名はなんですか?」

「解離性同一性障害。つまり多重人格です」

「間違いありませんか?」

「ええ」

「先程話しましたように、私は今、妻のせいで多くの債権者から追われています。診断書を書いていただけますか」

「いいでしょう」

町沢医師は以下の診断書を即座に書いてくれた。

解離性同一性障害（多重人格）
上記疾患のため三人の交代人格が幼児期の虐待で生きていた。「かおり」なる交代人格がお金を借り多額に達した。つまりお金の借金は花田純子でなく、その交代人格の「かおり」である。催眠で明らかになった。

町沢医師はふたたび妻の額に手を当てて言った。

「さあ、元に戻りましょう。戻ってらっしゃい」

これが催眠療法だということは後で知った。そして妻が戻ってきた。この日から、私と妻は多重人格という病いと闘わねばならなくなった。だがはたしてこれを病いと呼んでいいのだろうか。妻であり、母である、花田純子という存在は確かにいる。問題は、そのほかにも誰かがいるということだ。それも複数の人物が。子供たちはちゃんと理解できるだろうか。母をどう感じるだろうか。妻は頭を押さえている。頭痛がひどいと言う。薬を出してもらった。

その夜、長女が私の部屋に駆け込んできた。

「お父さん、怖い」

「どうした？」

「お母さんがおかしい」

「なんで？」

「おぬしが○○殿でござるか、と言うの」

「えっ？」

「ご亭主殿とお話がしたい、呼んできてもらえぬか、と言うの」

私はいそいで録音テープを手に取り、妻のいる部屋に向かった。ヤミ金問題以来、証拠保存のため、常に録音しておく癖がついている。妻は布団に横たわり、私はそのそばにひざまずいて聞いた。

「私はヤマジと申します。今、とても危険な状態にあります」

「誰が？」

「この純子なるものです。カオリ殿がいます。ケン君がいます。リサちゃんがいます。もう一人、タカコというものがおりました」

「おりました？」

「ええ、このものは和解させました」

「あなたは誰？」

「ヤマジと申します。私はこの世の人格ではありません。最近、中年のおなごがこのものの体に入っております」

「そいつの名前はなんて言うの？」

「シズと申します。しかしこのものは人格ではない。ストレスから入ってきたもの。このものを救わなければなりません」


武家言葉を使うヤマジには驚いたが、ヤマジの説明で妻の中に誰がいるかだいたい分かってきた。主なものは四人だ。

〔カオリ〕――いちばん古くからいる。嘘つきで見えっ張り。純子を殺そうとしている。
〔シズ〕――いちばん新しいが、危険な女。純子を支配し入れ代わろうとしている。
〔ケン〕――かつて妻は最初に妊娠した時、腎盂炎《じんうえん》になりやむなく中絶手術をした。その時、妻があまりにも悲しむので、あわれと思って出てきた少年。
〔リサ〕――少女。いつも寝ている。

あと、タカコとアカリがいたが、今では消滅していると言う。

ほかにも何人かいるかもしれないが、それは今は分からない。ヤマジもいるはずだ。ただ、ヤマジはこの世の人格ではない、という意味が全く分からない。

町沢医師の診察の時、カオリとは会った。こいつが純子をそそのかして、金を借りまくらせていたのだと分かった。いや、そういう言い方は正確ではない。多重人格を理解するには正確な言い回しをしなければならない。しかし、誰が多重人格を理解できるというのか。いきなり現れたものに対して、どう理解していけばいいのか。カオリが純子をそそのかして多額の金を借りさせたのではなく、純子を押しのけて、カオリ自身が実際に表に出て、金を借りまくったのだ。それが多重人格というものなのだった。

つまりその間、カオリが表に出ている間は、純子は裏に引っ込ませられていることになる。そして、ふたたび表に純子が現れた時には、その間の記憶がない。つまりカオリが出ている間は純子は記憶がない。覚えがない。行動に責任が持てないということだ。

このことを他人が理解するのはそうとう難しいだろう。そんなばかなで終わりだ。純子と別人格というと、純子の性格の一部だろうと考える人が多い。性格の一部が独立しているのだろうと言う。しかしそうではない。別人格ではなく、別人間と言ったほうが適切だろう。純子の一部ではない。純子とは全く違う人間なのだ。生まれも育ちも性格も全く違う人間、純子とはまるきり違う人間が純子の中にごろごろいるのだ。

あと、少年ケンと少女リサ？　そして危険な女シズ？　タカコとアカリが消滅したとはどういうことなのか？

夜遅く、妻が変身した。私の部屋にやって来た。目が一重になり、凶暴な人相になっている。思わず、お前は誰だ？　と聞くと、カオリだと答える。昼間は町沢医師と出会えてうれしかったと言う。なぜ、純子に対して悪いことをするんだと私は聞いた。純子が幸せになることは許せない、自分だけ幸せになり、俺のことを忘れていると毒づいた。何十回も助けてやったのに、俺の存在に全然気付こうとしない。思い知らせてやる必要があり、時期をねらっていた。純子が事業に手を出したことで、いいチャンスだと思い、業者から金を借りまくってやった。純子は金を借りていない。一軒も。すべて俺がやったことだ。純子は、だからなんのことかさっぱり分からないはずだ。またやってやる。俺には仲間がいる。純子が死んだら、そいつと手を組んで出てきてやる。

「純子が死んだら……？　どういうことだ？」

「今に分かる。見とれ」

「手を組むそいつの名は？」

「今は言えない。それにしても、純子は狂わないでよく持ちこたえたものだ」

「あなたは善、それとも悪、どっち？」

「なんだそれは、俺はもう寝る」

ふっと妻は目をつむった。いやカオリが目をつむったと言うべきか。こっくりしたかと思うと妻は目を覚ました。周囲をきょろきょろと見回す。私が目の前にいて驚いている。何が起きたのだろうという顔をしている。私も目の前に展開した出来事にショックを受けていた。家の中で、妻からエイリアンのように別な人間が出たことに言葉をなくしていた。だが、これまでも私に気付かれないように、彼らは頻繁に家の中でも出ていたのだ。

こういうことが考えられた。純子はこいつらの言いなりになっている。いや、この言い方も正しくない。言いなりではない。純子の意志と無関係に、こいつらが出ている。こいつらは出たい時に自由に純子を差し置いて出てくることが可能なようだ。そして引っ込む時も、自分たちの自由気ままに隠れることができるらしい。なぜなら入れ代わる時に、純子を押し出すようにして、無理やり表に出している。純子を操っているのではない、純子と入れ代わっているのだ。純子とこいつらは全く別の存在だ。別の生き物が純子の中にいる。闇の中の魑魅魍魎《ちみもうりょう》。得体の知れないものがわが家を徘徊《はいかい》している。

次の日、弁護士を訪ねた。あなたはこれまで私の妻をぼろくそにけなしてきた。確かに百社以上からの借金があり、不誠実な態度をとり、人間としては駄目な人間であっただろう。しかし、と私は診断書を見せた。妻はこういう病気なんです。これまでの事件は妻がやったことではなく、別な人格がやったことなんです。しかし、弁護士は言った。

「でも、純子という人の体は一つでしょ。他に責任を押し付けても通用しないよ」

「違うんです。純子の中にいろんな人格がいるけど、純子ではないんです。純子とは全く関係のない人間が、純子の中にたくさんいるんです」

弁護士には理解を超えていた。全く分からないという顔をした。私は叫んでいた。

「純子は無実なんです。純子を助けてください。純子に責任はないんです」

弁護士は言っていた。「自己破産」は認められても、純子は性格破綻者として「免責」は認められないかもしれない。そうすると借金を払わねばならなくなる。私は必死だった。私にはもうそんな金はない。そうなれば完全に純子は破滅だ。その時は純子を逃がすしかないと弁護士は言った。といってもいったいどこへ逃がすのか。巨大な何かがわけもなく行き場を求めて、むくむくと限りなく増幅して膨れ上がっていくのを私は幻視した。

私は「免責」が認められないことがいちばん怖かった。だからこそ、弁護士にこの病気を理解してほしかった。そして強固に「免責」が認められるように進めてもらうしかなかった。しかし、この弁護士は、そんなばかなことがと言っている。いったいどうしたらいいのだろう。テレビで放送しているのを見たことがある。アメリカでは多重人格者の殺人が裁判で無罪になっている。そんな話もしたが、この弁護士には全く理解できないようだった。

確かにこの病気を理解できる人は少ないだろう。本によると、日本の精神科医の半分は、まだ多重人格者の存在を認めていないという。症例としてそういう患者に出会ったことがないからなのだ。会ったことも見たこともなければ、治せるはずもない。現在、日本で多重人格者を治療できる医師は二人しかいないということだった。町沢医師はその一人だ。それがせめてもの救いだった。今、日本に何人、多重人格者がいるか私は知らない。自らを多重人格であると理解できないままの多重人格者もかなり多いことだろう。多くが絶望しているだろう。誤解され、理解されず、孤独の淵を、なぜだろうと、癒《いや》されずにさまよっているだろう。だが、希望を持ってほしい。多重人格者・純子は、今、ようやく目覚めた。今、本当の人間に帰っていこうとしている。

次の日、電話が鳴った。中年の女の声だった。おしとやかな礼儀正しい品のある声だ。

「いつも奥様にはお世話になっております。わたくし、山田と申します。奥様はご在宅でしょうか」

これまで聞き続けてきた貸金業とは、全く異なる声の質だった。久し振りにこういった人間的な声を聞くと、ああ、昔はこういった世界にいたのだなあと思い出す。もうすでにその世界は過去のものとなり、完全に消滅してしまった。妻はまだ帰っていないと嘘をついた。無意識に警戒心が起こり、妻が家にいてもいないと言ってしまう。妻が電話に出ればよけい面倒なことになってしまう。

「そうですか……」

と相手は言って、長い間《ま》ができた。女は電話を切ろうとしない。普通はそこで、ではまたとか言って切れるはずだった。

「何かお困りのことでもございますか?」

私も久し振りに丁寧な言葉遣いが自然と出た。

「実は、こんなことを本当は申してはいけないんでございましょうが、奥様ともう一月以上も連絡がとれないものですから。いや、奥様の携帯電話にですけど……」

「はあ……」

「連絡をいただきたいと留守電に吹き込んでおるのでございますが……」

「……はい」

「連絡がいただけないもので、こうして、ご自宅にまでお電話する次第になってしまいまして、本当に申し訳ございません」

「……はい」

「やっぱり、電話をかけなおしましょう」

「いえいえ、なんなりとおっしゃっていただけませんか」

「実は……」

「はい」

「……奥様には内緒にしていただけますでしょうか……」

「……はい」

「実は、私ども、奥様の事業を応援しているものでございまして……」

「はい、あの……、足裏シートのことでしょうか」

「はい、そうでございます。あの、こんなこと、決して、旦那様にはお話ししてはいけないという約束でしたが……」

「いやいや、ぜひ、おっしゃってください。妻には話しませんから」

「はあ……、では……、私と周囲の人が集まって、奥様の事業に融資をしておりまして」

「……はあ……」

「みなさんが心配しはじめてきたものですから、私がちょっと、ご自宅に連絡をとってみようということになりまして……」

「……はあ……、で、おいくら融資されているのでしょうか？」

「はあ、一人ひとり違いますので……」

「お宅様はいったいいくら融資なさってますか？」

「……百五十万円ほどで……」

「……」

「……」

「……」

私の思考は停止した。後でテープを何回も聞いた。私は妻の事件以来、すべての電話を録音する癖がついてしまった。もう百時間以上がテープに録音してあると思う。しかし、この話はショックだった。テープを繰り返し聞いて、ようやく概要が分かってきた。

妻は足裏シートを製造するために会社を作った。合資会社らしい。合資会社という会社はどんな会社なのか全く分からない。株式会社、有限会社などいろいろあるらしいが、その区別がよく分からない。とにかく合資会社というらしい。足裏シートは健康にいい、病気が治ることもあるということが噂になり、やがてたくさん作らなければならなくなった。シートは手作業で作るため、アルバイトの主婦を中心に製造していた。やがて人件費がかさんで資金が足りなくなる。妻は出資金を募った。一口十万円。配当はかなりよかったそうで、月一万円。半年間、その配当が続き、多くの人が集まってきた。


「いったい何人の方がいらっしゃるんでしょうか?」

「だいたい十四〜五人だと思いますが……」

「みなさん、そんなにお金を投資されていらっしゃるんでしょうか?」

「いいえ、一人ひとり違いますから……」

「……だいたい、どれぐらいでしょうか……?」

「少ない人で……」

「……」

「五十万ぐらいじゃないでしょうか……」

「……」

配当が三ヵ月遅れていると言う。それでみなが騒ぎだしたらしい。十五人かける五十万円で七百五十万円だ。百五十万円の人もいるから一千万円以上になるだろう。


「あの……」

「はい」

「〇〇さん、ご存じですか？」

「いや、私は妻の会社の人は一人も存じあげません」

「その方は、たぶん一人で一千万円以上投資なさっていると思います」

「…… …… …… ……」


二千万円という新たな問題が起こった。だがこの大変な問題は、何か、どこか、私とは無関係な地平で起きている出来事のように思われた。この問題はどうあがいても、私ではどうしようもない。

山田さんとの電話の後、次々と電話が来た。山田さんに聞いたのだろう。妻の会社に出資したという人たちだった。だまされたと言う人がいた。金を返せと言う人がいた。足裏シートの講習会を開くために会場を予約し、机とか椅子とか用意したんだけど、どうしてくれると言う人もいた。私にいったい何ができるというのか。

妻は今、この世とあの世の境にいます。

山田さんが中心となって融資を募ったらしい。足裏シートの効果に興味をもったのが始まりで、それを試してみて、のめり込むようになったらしい。最初、妻は足裏シートを無料で人に分けていた。商売をするつもりはさらさらなかった。その後、妻は会社を持ち、それを商売とするようになり、変わっていった。山田さんがあちこちに呼びかけた。
「確かに体にいいし、それを売れば売るほど儲かるシステムができたのよ。順調でしょ。だから大丈夫よ。一口十万円で、私たちで固めていきましょうよ」
彼女は友人たちに融資を勧めていったのだった。

妻の会社で事務員をしていた人から電話があった。若い女の子のようだった。なぜ、夫であるあなたがいろいろ迷惑をかけた人に電話して謝らないのかと詰問された。合資会社というのは、会社をつぶしても代表者にその負債の責任が付いて回るはずだと言う。そうか、そうなのか、まず会社を閉じなければならない。でも、会社の負債が妻個人のものになるのであれば、自己破産して、なんとか免責を認めてもらうしかない。出資してくれた人の連絡先を聞き、一人ひとり電話して事情を話すか？　事務員は、みんなを集めるからその前で説明してほしいと言った。しかし、何を説明するのだ。

相変わらず、ヤミ金業者とは折衝《せっしょう》を進めていた。とにかく元金に近い金額で折り合ってくれるよう言うしかない。それも正しい金額ではないのだが、脅し一本槍の業者にはなんの対応のしようもなかった。子供が学校に行けないようにしてやろうかと言う業者もいた。

そのころ、だんだん分かってきた。多重債務についての相談窓口としては、各弁護士会がある。そのほか、法律扶助協会、司法書士会などもある。国民生活センター、消費生活センターもあるが、ここは悪質商法など消費者被害のトラブルについての相談は受け付けるが、多重債務については無力だ。都庁の金融課に貸金業指導係があると知って電話してみた。脅しがひどい場合は、各地区の警察に生活安全課があるので、そこに行ったらどうかと勧められた。そして貸金業指導係に連絡すれば、業者が登録しているかどうかが分かる。登録していれば取り締まってくれるし、登録していなければ刑事罰で警察に届け出たほうがいい。

妻が錯乱していく。おかしなことを口走るようになった。妻がだんだん狂っていく。これも多重人格の特徴なのだろうか。いや、どうも多重人格とは関係ないようだ。見えないものが見えると言う。人間の行く末が見えると言う。妻は前世が見えると言う。夫であるあなたは、かつてローマ帝国の兵士でエジプト遠征で死んだと言う。その三百年前はローマ元老院の貴族であった。あなたはイタリアで何度も転生している。あなたがイタリアを好きなのはそのせいだと言う。妻はかつては地球以外の星にも生きたと言う。その星には太陽が三つあったと言う。その星ではミンチにされて殺されたのだと言う。妻はそうして何十回となく生まれ変わってきたと言う。この世に生まれてきているのは仮の宿だと言う。

私は呆然《ぼうぜん》とした。妻が霊を見る力を持っていることは分かっていた。しかし、前世のことを言うとは思ってもいなかった。特に地球以外に生まれ、ミンチにされたとはあまりにもシュールで、奇想天外すぎないか。ただ、霊が見えれば、前世が見えるのは当然かもしれなかった。前世があるとすればだが。霊がいるとすればだが。この時、私は思っていた。妻は精神病院に緊急入院する必要があるかもしれない。

日曜日。町沢医師の指定した「家族ラボ」に向かった。私は妻の診察に立ち会いたいとお願いしていた。私は妻のすべてを見たいと思った。多重人格というものをすべて知りたいと思った。「かなりシビアな状況に立ち会うことになると思う。耐えられない告白を聞くかもしれない。つらい状況になると思いますが……」

私はものを創る人間である。人間の酷薄《こくはく》さから目をそらしたら、そういう資格はない。どんなつらい状況にも我慢しますと言った。立ち会いの許可が下りた。私は記録を撮ろうと思い、友人からビデオを借りた。以後、すべての診察を記録することになる。多重人格の診療記録としては画期的なものになるだろう。

第一回目のカウンセリングが始まった。妻は長い間、髪も洗っていない。よれよれで疲れ切っている。動くのがやっとという感じだった。頭痛がひどいのでよく眠れていない。顔に精気がなく、四十代なのにまるで老婆のように見える。先日の初めての診察後、さかんに妻の中からいろいろな人格が登場してきているようである。妻にとっては、他の人格が出ている時は記憶がないらしい。だから、今の妻には、空白の時間が一日の中で頻繁にあるのだ。とぎれとぎれの日常。出たり入ったり、いや、出させられたり引っ込まされたりの浮き沈み。何が何やらさっぱり分からない中で、いったい自分はどうなるのか、不安でいっぱいなのだろう。特に精神病院に入れられるのではないかと恐れている。このカウンセリングが悪い方向に行くのを極度に恐れている。夜、のぞき込むと、妻は目を開けたまま寝ていた。まるで生きている死体である。

多重人格には「主人格」と「交代人格」がいる。花田純子が主人格にあたり、その他の人格が交代人格というわけだ。主人格が耐えられない危機に陥った時、これを救うために交代人格が現れる。虐待がそのほとんどの原因である。中には幼児期に性的虐待を受けた人もいる。普通の人には現れない。よほど感受性が強い人か、弱い人に出るということだ。交代人格が出てくれないと、とてもこの世の中では生きていけない、そういう人がいる。多重人格者となることで生きていくことができるのだ。いわば、多重人格症に救われると言ってもいいかもしれない。

交代人格は頭の中に一人ひとり自分の部屋を持っている。主人格の部屋もある。主人格の部屋の壁は特に厚い。寝る時はおのおの自分の部屋で寝る。交代人格が出ている時は、主人格には記憶がない。しかし、主人格が出ている時、交代人格は頭の奥でじっと聞いている。つまり、これから始まる診察も、交代人格はみな聞いているわけだ。今現在もじっと聞いていると思う。だからどんな治療が始まるか、その進行状況もみな知っている。交代人格の身に危険が迫ると、それも察知する。主人格はそれを知らない。そういう意味では主人格は不利だ。

だが、そういった交代人格がいることによって主人格は救われてきた。交代人格が主人格の代わりに虐待を引き受けてくれたから、主人格は生き延びることができたのだ。だから感謝すべきだと交代人格は言う。感謝してくれ、感謝が足りないと交代人格は言う。しかし主人格はそのことを知らないわけだから、感謝しようにも何に対して感謝すべきなのか分からない。主人格にはその時の救われた記憶がないわけだから、感謝しろと言われても、いったい何に感謝しなければならないのか、さっぱり分からないのだ。そこが難しいところだ。

いきなりややこしい話になってきた。まあ、だんだん分かってくるでしょうと町沢医師は言う。

現れた交代人格

町沢医師は、前回と同じように妻の額に手を当てて呼び出した。

「さあ、出てらっしゃい。ちょっとお話しさせてくれるかな。出てお話ししましょう」

すぐカオリが現れる。目がぎらついているのですぐ分かる。純子の過去を語りだした。

交代人格のほうが主人格より過去を知っているという。主人格のそばでずっと見ているからそうなのだという。主人格より正確なことを言うらしい。


純子は長崎に生まれる。そして福岡に引っ越す。純子の父と母は仲が悪く、いつも喧嘩をしていた。母は男を作った。その密会現場に父は踏み込んだ。父は母を殴りながら街中を引きずり回し、純子は弟をおんぶし、泣きながら後を追った。純子五歳の時だった。後日、とうとう父は母を包丁で刺す。それを見ていた純子は気絶する。

その時カオリが現れる。多重人格の始まりだ。生命を取り留めた母は家を出ていく。純子と弟が残された。父は大阪に短期間の仕事に行くことになる。純子に五百円札一枚持たせて。純子と弟は待ち続けた。だが大阪で父は死んでしまう。事故死か病死か分からない。帰らぬ父を待ち続けた純子たちは餓死寸前になる。その時タカコが登場した。このタカコはもういない。消えてしまった。

純子と弟は熊本の孤児院に回される。そこで弟は一般の養護施設に入れられたが、純子だけは園長あずかりとなり、園長の子供たちと家族同様に育てられる。園長はなかなかの人物で、有名な人だったらしい。その園長も数年前に亡くなり、純子と共に育った家族の一人が、今その施設を引き継いで園長になっている。その先代の園長夫人がヒステリックな人で、純子は夫人から虐待を受け続けた。

園長夫人は物差しで純子を殴り続けた。美空ひばりが好きで、テレビから美空ひばりの歌が流れてくる時だけ、虐待が中断したという。真冬にホースで水をかけられる。熱い味噌汁をかけられる。純子の体にはその跡が残っている。いつも大声で怒鳴っていて、純子は今でもその夢を見るという。時々、押し入れに一晩中閉じ込められた。父を失い、母に捨てられた五歳の子が、真っ暗な押し入れの中で何を思うのだろうか。泣き叫んだという。だが誰も助けにきてはくれない。この世の中に、彼女を救ってくれる人はただの一人もいやしない。純子は繊細な子で、とても虐待に耐えられるような子ではなかった。

そこで、アカリが出てきて身代わりとなってくれた。純子の代わりにアカリが虐待を受けた。虐待が始まるとアカリが現れるのだった。アカリは理不尽な世の中を憎悪し、すべてに恨みを抱いて、純子と共に別な人間として成長していった。純子の中にいながら、純子と別な人生を送ってきたのだ。純子が善だとすれば、アカリは悪として生きることになる。しかし、そういうアカリによって純子は生き延びることができたのだ。かれこれ四十年前のことである。今はそのアカリも消滅している。


そして月日がたち、純子は私と結婚した。子供も三人でき、いちおう幸せな毎日を過ごしている。それはみな交代人格がいたからなのに、純子には感謝の気持ちがない。純子を助けるためにカオリたちが出て、純子といつも遊んでいたのだ。

カオリが出てきて言った。

「俺のことをすっかり忘れやがった、そんな純子を許せない。俺が時々、話しかけているのに、純子の奴は妄想だと思ってやがる。きょろきょろあたりを見回して幻聴だと思ってやがる。俺がこんなに呼びかけているのに。タカコ姉さんがいたけど、純子が消してしまいやがった。俺はタカコ姉さんがいちばん好きだったのに。品がよくて素晴らしい人だった。今、ケンという少年がいるんだ。そいつと代わってやるよ」

純子。いや純子ではない。やや背中を丸めて、ねめつけるようにして話すカオリの体が、すんなりと伸びていく。両手を自分の膝に当てて、真っ直ぐな姿勢で座っている。礼儀正しい。きちんと正面を向いて話す純子になった。いや、純子ではない。ケンだ。

「僕、ケンです」

声も少年の声だ。顔つきも少年の顔になる。きれいな瞳に、真面目さがあふれ出ている。

「僕は父さんや母さん、それに弟や妹たちが大好きなんです。だけど僕が出るとみんな驚くから分からないようにして時々出てます。そうしないとカオリさんが母さんを取っちゃう。カオリさんは母さんに復讐しようとしてます。最近、シズという新しい女の人が入ってきたんです。その人がカオリさんをそそのかして、一緒に母さんを殺そうとしているんです。足裏シートは邪気を取るから駄目だ、それを作らせないようにしないといけないと言うんです。足裏シートには霊気が入っているから病気が治るんだと言うんです。ヤマジという人は中にはいません。外から来ます。ヤマジさんは僕に母さんを助けろと言うんですが、僕はカオリさんが怖くてたまらない。急に殴られるんだ。言うことを聞かないと殺されそうになる。だから僕は離れている。その新しくやってきたシズさんが、母さんを殺そうとかみそりを持った。母さんの手にかみそりを持たせたので、その時は僕、あわてて出て、かみそりを捨てさせた。昨日も一昨日もそうだった。昨日は父さんも殺そうとしました。酒の中にこの前もらった睡眠薬を大量に混ぜたんです。父さんは酒をたくさん飲むから、最後のほうは味が分からなくなるらしくて、その時をねらっていたんです。だから、僕はいそいで出て、父さんが飲む前にその酒を捨てたんです。僕はもう疲れました。誰も味方がいない。リサという女の子がいますけど、まだ小さいし、いつも寝てるんです。僕の力ではとてもあの二人に太刀打ちできないんです」

いきなりカオリが出てきた。

「べらべら話しやがって。聞いてたよ。純子は何も気付いていないよ。純子は殺されるという不安は持ってない。あいつばかだから。俺を殺そうとしやがった純子と亭主を、先に殺さねばならない。あいつらが離婚しようとした時はうれしかった。あれは俺が出て、離婚しようと亭主に言ったんだ。純子のふりをしてな。俺だと分かるとまずいから。これで純子とまた一緒に暮らせる。昔遊んだようにな。大阪に行こうと思っていたんだ。純子の父が死んだところだしな。そのため切符まで買っていたのに。金を借りまくったのもその時のための生活費の用意だ。残念だった。でも離婚が駄目になっても、あいつら自殺しようとしただろ。しめたと思ったね。死んだ後に俺が出ていって乗っ取ってやったのに。おばさんが、名前はシズっていうんだけど、その人が、純子を消さないと、自分たちは消されちゃうって言うんだ。なぜ助け合わなきゃいけないんだ？　純子は俺を殺そうとしてるんだぜ。虐待された時の痛さは全部、俺が引き受けてやったのに。タカコもアカリももういない。みんな純子が消したんだ。だから次は俺を消そうとしている。あっ、あの人がべらべらしゃべるなと言っている」

ケンがふたたび登場した。シズという中年女がカオリを無理やり引っ張っていったらしい。

「僕、どうしたらいい？　カオリさんはあんなこと言ってるけど、本当はカオリさんは母さんが好きなんだ。新しくやってきたシズというあのおばさんが悪いんだ。二人でどこへ行ったんだろう。僕、もう一回探してみる。僕、できるだけ出て、母さんを守るからね」

純子に戻った。うつろなまなざしで、周囲を見つめ続ける。いったいここはどこだ、私はなぜここにいるのだ、私は何者だ。そんな感じが虚脱感いっぱいの体からにじみ出ている。頭がぐるぐる回ると言う。そして頭を抱えてのたうち回った。頭が締め付けられる。ものすごい、耐えられないほどの頭の痛さだと言う。そのまま、少し横になってなさいと町沢医師は言った。人格が交代するたびに、バリアを突き破るようにひどい頭痛が起きるのだという。しかし、それもいずれは慣れて、楽になるそうだ。

約一時間半の診察だった。町沢医師はこれまで五十人の多重人格者を診てきたと言う。だから驚かないのだろうが、私はびっくり仰天だ。妻も私も毎日殺されそうな日々を送っていたなんて。町沢医師と交代人格との会話を聞きながら、いろいろなことが分かってきた。

彼ら、交代人格がどのようにして誕生したのかを知ることが、治療の糸口をつかむ大きなポイントだった。登場してきた順番に整理してみよう。

「カオリ」は、母が父に包丁で刺されるのを見て、ショックで気絶した時に出た。粗野で乱暴者。純子五歳の時だから、ほぼ四十年間、純子と共に生きてきた。しかし本人は二十八歳と言っている。シズと手を組んで悪事を働く。

「タカコ」は、親から取り残された時、餓死寸前の恐怖を救うために出た。この人はもう純子の中にはいない。

「アカリ」は、孤児院で園長夫人の虐待を引き受けた。この人ももう純子の中にはいない。

「ケン」は、腎盂炎でやむなく堕胎した時、悲しみを救うために代わりに生まれた長男。礼儀正しく純朴で母を愛する十五歳の少年。純子を母さん、私を父さんと呼んで慕っている。

「リサ」は、私たちが夫婦喧嘩をすると、純子の父母の壮絶な流血の夫婦喧嘩を思い出し、悲しくなって出てきた少女。いつも涙ぐみ、私を怖がっている。まだ物事を理解できない五歳。純子のことをおばちゃんと呼ぶ。

「シズ」は、自分を捨てた憎い母と、自分を産んでくれた愛する母との葛藤《かっとう》から出てきた。五十歳。みなを支配する悪の中心人物。

「ヤマジ」だけはよく分からない。交代人格はみな、ヤマジを見たことがないという。部屋にもいないと言う。頭の中にいないのだ。だから人格ではないという。そんなはずはありません、どこかにいるはずですと町沢医師は否定するのだが……。

彼らはまさしく生きている。私は、彼らは純子の一部分だと思っていた。純子のある部分を背負っている分身だと思っていた。だがそれは違う。彼らは一人ひとり、全く違う人間なのだ。純子とは生まれも育ちも、性格も考え方も生き方も違う。顔も違うらしい。背の高さも、髪の色も、目も違うらしい。確かに、少年がいるし、少女もいる。町沢医師によると、知らない外国語をペラペラ話す交代人格の例もあると言う。利き腕が反対になる人もいるらしい。確かにケンは左手で字を書いた。いつ覚えたのだろう、不思議だ。彼らを純子と一緒にしては大きな間違いをしてしまう。このへんの認識をちゃんと持たないと彼らを理解できないだろう。

彼らは自分たちが出た時、鏡を見ると、自分の顔を見る。それは純子の顔ではない。しかし、奥にいる時、純子の目のそばにいる時は、鏡に純子の顔を見る。

彼らは純子の体を借りているのだと私は思っていた。しかし、彼らはそう思っていない。交代人格は、非力な純子の体を助けてやったと思っている。だから、頼りない純子をそろそろ追い落とそうと考えている。彼らは純子を乗っ取ろうとしている。乗っ取れると思っている。純子が死んでも自分たちは生き続け、純子に代わって表に出ようとしている。そのことは可能だと思っている。町沢医師はさかんにそのことを彼らに気付かせようとしていた。純子が死んだら、あなたたちも死ぬんだよと。あなたたちは純子の体を借りて生きているんだよと。だが、彼らにそのことは理解できない。純子はばかで、いずれ乗っ取ってやるとカオリは言った。そんなことはできないと何度も町沢医師は言ったが、納得していない。これは恐ろしいことだ。

彼らは純子に対して、自分たちに感謝する気持ちがないと言う。なぜ多重人格者が生まれるのか。もう一度そのことを整理してみよう。主人格が耐えられない事件に遭遇すると、それを回避するために別の人格が出てくるということだ。その人格が出て、その苦痛を引き受けてくれるから、本人は苦痛を自覚することなく生きていけるのだ。もし交代人格が出なければ苦痛に耐えられなくて死んでしまうか、狂ってしまうだろう。幼児期の虐待がその多くの理由だという。逆に言えば、その苦痛に耐えられないほど繊細な神経の持ち主が多重人格者になると町沢医師は言う。

確かに純子は交代人格が出てくれたことによって生き延びることができたのだ。だから、彼らは純子に感謝しろと言っている。感謝しない純子はとんでもない奴だ。復讐してやると交代人格は言う。

町沢医師は彼らに言った。感謝しろとあなたたちは言うが、純子は何も分かっていないのだ。あなたたちがいるということも、あなたたちが出て助けてくれたということも分からない。あなたたちが出ている時は記憶がないのだ。だから感謝しろと言われても、いったい何に感謝するのか、どうして感謝するのか、全く分からないのだ。

しかし、交代人格はそのことを納得しない。そんなばかなことはないと思っているのだ。自分たちのおかげで生き延びられたのに、それが分からないはずはないと。だが、主人格は本当に分からないのだ。彼らにこのことを認識させることが非常に難しい。
精神科医がいかに大変かが分かった。町沢医師は交代人格を説得し、なおかつ主人格をも納得させなければならない。言葉である。言葉でそれを理解させなければならない。精神科医は伝道師かもしれない。見えない神をいかに見えるようにできるか、言葉だけで。

彼らはすんなり出てくる。出てきたがっているふしもある。純子を押しのけて出てくる。そういう意味では純子を操っているのは彼らかもしれない。純子はされるがままだ。抵抗できない。純子は交代人格の存在を知らないのだから当然とも言える。では、純子が彼らの存在を知ったなら、彼らの登場をはばむことができるのだろうか。純子と彼らとどっちが力は上なのか。どうも彼らのほうが上みたいだ。これまでの経緯を見てみればそれが分かる。

そしてまた、交代人格の中でもランクがあるようだ。ケンはカオリとシズにおびえている。カオリはシズの言いなりのようだ。今、交代人格の中ではシズがいちばんの権力者のようだ。次がカオリ、そして少年ケン、少女リサ。どのような権力闘争なのだろう。しかし彼らは自分たちの部屋を持っていると言う。どのような部屋なのだろう。アパートなのだろうか。長屋なのだろうか。それとも高層マンションか。一軒家か。不思議だ。部屋には鍵がついているのだろうか。勝手に人の部屋に入ることはできるのだろうか。純子の部屋もあると言う。純子の部屋には彼らはずかずかと入っているのだろうか。だって、簡単に純子と入れ代わることができるのだから。想像力が及ばない。私の想像力が貧困だということがよく分かった。

私の妻のように、多重債務に陥った多重人格者はいるのだろうか。町沢医師は言った。

「いません。ほとんどの多重人格者は幼いうちに気付くものです。そばにいる身近な人が、変だな、多重人格かもしれないと気付く。だからせいぜいいたずら程度の犯罪で済む。純子さんのように四十過ぎて多重人格と分かるのは私も初めてです」

これは夫である私への疑問である。私はなぜ、長い間気付かなかったのか。それは私も不思議だ。私は以前から多重人格には興味があった。『ジキル博士とハイド氏』『私の中の不思議な他人』『私という他人』『失われた私』『五番目のサリー』『24人のビリー・ミリガン』など手に入るものはすべて読んでいた。それは多重人格を映画化したかったからである。中学生の少女が、行ってきますと言って真夏の家の戸を開けて出かける。するといきなり大人の女性になって、戸を開けた目の前にアラスカの真冬の大雪原が広がっている。多重人格では記憶の欠落により、こういうことも起こりうると書いてあった。すごい。驚嘆した。人間の摩訶《まか》不思議さを感じた。これを映画化しないわけがない。絶対、評判を呼ぶと思った。だから、私は多重人格についてはほかの人よりは知っていたはずだ。なのに、まさか自分の妻が多重人格者だったとは……。戸惑うばかりだ。自分で自分を信じられない。なぜ、気付かなかったのか。あれだけ読んだのだから、少しはそうかもしれないと疑うのが当然ではないのか。だが、正直に言って、全く分からなかった。これっぽっちも疑わなかった。言えるのはただ、彼らが私に気付かれないよう慎重に慎重に行動してきたということだろう。私は本当に気付かなかった。まさか私の妻が多重人格者とは、今でも本当に信じられない。全く気付かなかった。彼らが出た時は巧妙に純子のふりをしていたとしか言いようがない。毎晩、記憶を失うほど酒を飲む私の責任でもあるが。

とにかく交代人格の性格は分かった。カオリとシズが悪の方、ケン君とリサちゃんとヤマジさんが善の方。悪と善が明確に分かれている。ただヤマジさんは忠告するだけで実行力はないらしい。そしてケン君とリサちゃんは二人とも少年と少女で力がない。カオリとシズは二人とも中年女でずる賢い。勝負はあった。純子は悪に負かされてしまうだろう。妻と私はそいつらに殺されてしまうかもしれない。

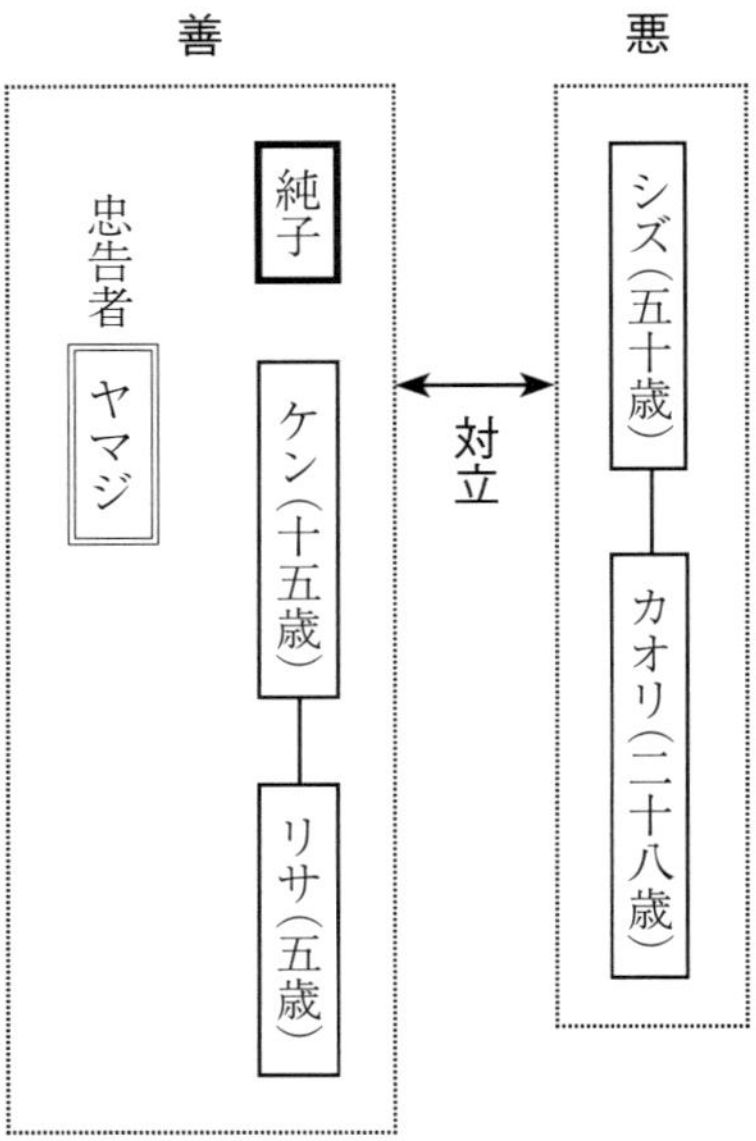

カウンセリングを終え、目白駅に向かう間、妻はふらふらと何度も倒れそうになった。まだ頭痛がひどいらしい。妻には、何が起こったのか分からない。交代人格が次々出るので、自分自身の記憶がないのだ。ただ空白だけだ。そして残ったのはひどい頭痛。いったいなんなんだと思っていることだろう。だが妻よ、私は反省している。お前がいつも優しいのは、お前がいつも純真なのは、交代人格が悪を全部引き受けてくれていたからだ。だからお前は善の部分だけで生きてこられたのだ。人がお前の悪口を言うのを聞いたことがない。お前は素晴らしい人だといつも言われていた。それが私の誇りであり、喜びであり、うれしさだった。私の妻は素晴らしい人格の

持ち主です。大きな声でそう言えた。だが、それは交代人格がいたからこそ、そうできたということが今、理解できた。いや本当にそうか。交代人格は時々出ていたと言う。とすれば、悪の部分をさらけ出したであろう。邪悪な部分を見せたに違いない。決していい人とは思われていないであろう。確かに私の前でもお前の心の醜悪さが見えた時もあった。だがそんなことはどうでもいい。悪が出た時は純子でなく、善だけで純子は生きてきたのだから。

妻よ、お前はこれからどうなるのだろう。彼らに殺されるかもしれない。生き延びたとしたなら、彼らの悪を引き受けなければならないかもしれない。これまでのように崇高な行いを続けることはできないかもしれない。どっちがお前にとって幸福なのだろうか。そして、それに無自覚のまま、それに乗じて毎晩飲んだくれていた私はどうなるのだろうか。あらゆる不安が一挙に襲ってきた。

借金に関しては、相変わらずほんろうされる毎日だった。ただ、釈然としないのは、例の車の中で私が脅されて肩代わりさせられた「〇〇空間」の問題だった。これを早急に処理しなければならない。

弁護士に相談した。車の中で無理やり拇印を押させられたんですが、なんとかなりませんか。弁護士は言った。押してしまったものはどうしようもありませんね。無効じゃないんですか。有効です。じゃ、払わないといけないんですか。そうです。なんという弁護士だ。依頼人を守ることもできやしない。完全に私たちを見捨てようとしている。依頼人の不利益に当たる行為をすると弁護士は罰せられるというのを後で聞いた。これはそれに該当するのではないだろうか。

とにかく事は急を要す。一回目の払い込み日が迫っている。私は都庁の貸金業指導係というところに電話した。脅されて契約書を書かされたと言うと、指導係は「○○空間」に電話してくれた。折り返し指導係から電話があった。「○○空間」は、私が事務所に来て借用書を見たいと言っている。どうぞと言っているのに、いまだに事務所に来ないのだと言っているらしい。あの口のうまさに指導係すらだまされてしまっている。なんとかうまく和解してよと言って指導係は電話を切った。これでは相手の言い分が通ってしまう。解決にはほど遠い。これでは駄目だ。弁護士も貸金業指導係も助けにならない。

私は多重債務を扱っている市民団体「太陽の会」があるということを知った。ボランティアで債務者の相談に乗っているという。私がそこに電話すると、忙しいから、ここに電話してみてくださいと、あちこちにたらい回しされてしまった。いかにこの種の相談者が多いかということでもある。

「北千住のサラ金クレジット問題を考える会」「中野民主商工会」「クレジット・サラ金問題の対

策協議会」「江戸川民主商工会」……。

次々と回され、最後に「渋谷民主商工会」に電話し事情を話すと、これから定例会があるからすぐいらっしゃいとのことだった。やっと私の話を直接聞いてくれるところと巡り合えた。

渋谷民商は代々木駅前にあった。夜七時、私はそこを訪ねた。十人も入ればいっぱいになるような事務所だった。定例会は、いろいろな人の悩みを聞いて、みんなで話し合って解決策を探る会だという。特に多重債務に関しては、苦労したたくさんの人がいるから、いろいろな知恵を出し合えるという。私は事情を話した。みな自分のことのように考えてくれた。とにかくその「○○空間」をやっつけようということになった。その事務所が上野にあるなら、明日十時、上野警察署に集まって抗議しようと言う。抗議だけですかと聞くと、大丈夫、まあ見てなさいと言ってくれた。以後、妻の債務問題はこの人たちによって救われることになる。出会いということがいかに大切か身に染みた。

翌日、私は妻と「○○空間」に向かった。住所を確認するためである。途中であのデブとヤセに遭遇するかもしれないと思うと少し緊張した。だがもう私は恐れることはない。私たちには仲間がいる。途中でばったり会っても、警察に突き出すまでだ。

「〇〇空間」は外神田にあった。とすると管轄は上野警察署ではなく万世橋警察署になるらしい。民商の人たちが三人、上野警察署から万世橋警察署まで移動してくれる。正確に言うと民商の人ではなく、民商によって助けられた人たちだった。三人には本当に感謝したい。警察に被害届けを出すためだけに付いてくれている。私たちを励ますためだけに付いてきてくれている。ありがたいと思う。そして実際、そのことで私たちの気持ちは力強くなるのだ。

万世橋警察署生活安全課で事情を話す。するとさっそく「〇〇空間」に電話して、その契約書と債権譲渡された借用書を持って警察に出頭してこいと言ってくれた。これが決まった。デブがあわてて駆け付けてきた。脅して作った契約書を私の目の前で破り捨てた。今後一切、電話あるいは訪問をしない。もしそれをした場合は、万世橋警察署が容赦しない。和解書を書いて、そのコピーを警察があずかった。

債権を譲渡されたという借用書を見た。二枚あった。今、じっくり見ると、花田純子の署名がわずかに違う。どこかの女に書かせたのだろう。線の細さはまさしく女の字体であるが、確かに違う。少なくとも一枚はもちろん純子が書いたものではない。二枚を並べてみれば全く違うことが分かる。完全に偽造している。こいつらは弱い者にしか食い付かない。社会を歩いている限り、弱者に襲いかかって生きるだろう。完全に隔離しない限り、大手を振ってベンツを乗り回すだろう。

あっけない終わり方だった。弁護士の名にもびびらない、都庁の貸金業指導係でもびびらない、そんな奴らが警察の電話であっけなく引き下がった。やはり奴らは警察をいちばん恐れていた。やはり警察はすごいと思った。と同時に、警察を動かすまでがいかに大変なことかとも思った。個人ではまず無理だ。一一〇番に電話したぐらいでは駄目なのだ。どうすれば本当に警察を動かすことができるのか、それがいちばん大事なことだが、その距離は遠すぎる。

移動の途中で金貸しに会った。一軒一軒回って事情を説明した時、貧乏ゆすりはやめろ、と楊《よう》枝《じ》をくわえたまま、ねめつけた男だった。その男は私を見て、さてどこかで会った男だが、誰だったっけ、という顔をした。この男とは何回となく連絡を取り合うことになる。

二回目の「家族ラボ」診察は二日後だった。

純子はしきりに眠いと言う。たぶん、夜中に別な人格が起きて飛び回っているのだろう。純子はその時は寝たことになっているのだろうか、それとも起きていることになるのだろうか。純子の体は動いているわけだから、疲れないわけがない。だが、疲れるとはいったいどういうことなのだろう。脳が休んでいれば疲れないのか、脳が休んでいても体が動いていれば疲れるのか。不思議な世界だ。本当はどうかよく分からない。純子の頭の中でいろんな声がわんわん響いていると言う。多重放送のように会話が飛び交っていると言う。それがどういうことか私には分かる。カオリが、シズが、ケンが、リサが話しているのだ。カオリは大声で叫んでいるかもしれない。だが、妻には分からない。なぜ多くの声が聞こえるのか分からない。それはそうだ。妻はまだ何も分かっていないのだから。

町沢医師は妻に聞いた。

「カオリとかヤマジとかいう言葉、分かりますか？」

「分かりません。いや、カオリという名は聞いたことがあります」

「不安を感じますか？」

「悲しい感じがある。涙が出そうになる」

「心配なことはありますか？」

「夜中に起きて何かやっているらしいのが不安です」

「自分が多重人格だという意識はありますか？」

「自己催眠遊びをしていて、タカコが出てきたのでよく遊んだ。でも嫌いだったから、いつか消えていった。やはり遊びだと思った。小さい時から声は聞こえていたが、みんなも同じように聞こえていると思っていた」

カオリが登場した。

「あなたの楽しみは?」

「純子と遊ぶこと。でもこいつ、みんな忘れている。痛めつけてでも思い出させてやる。小さい時からいじめにあって、棒で背中を殴られた時も、袋叩きにあった時も、こいつ悲鳴をあげてたから、俺が代わりに出てやったのに。今は俺を消そうとしている。でも、俺の理解者が一人いるからいいんだ。シズという中年のおばさんがいる。話を聞いてくれて、俺の悲しみを分かってくれる」

カオリはいきなり、頭の奥を見つめる目つきをした。

「もう話すなと、今、その中年のおばさんに言われた」

そして別の空間を見つめて言った。

「邪魔すんじゃないよ、ケン、ぶっ殺すぞ。うるさい、もういい、行くよ」

ケンがさかんにカオリの邪魔をしているようだ。

「もういい、おばさんが呼んでいる。ケン、覚えてろよ、殺してやるからな」

登場したのはリサだった。

「せっかく寝てたのに中年のおばさんが、出ろ、出ろって。私はリサ。五歳なの。アニメが大好き。家でお姉さんたちと見るのが好き。ケンちゃんはお兄さん。好きよ。カオリさんのそばに行っちゃ駄目だって言うの。消されちゃうぞって。もう行っていいですか。眠い」

最後に中年のおばさんが登場した。

「名前、なんて言うの？」

「お前こそ、先に名乗れ」

それがシズだった。

交代人格との和解

テレビ局が多重人格者を取材したいと言ってるんですが、どうですか？　と町沢医師が言う。夕方のＴＢＳ『ニュースの森』という情報番組らしい。取材ＯＫを出すには相当ちゅうちょした。テレビに出ればすべてが明らかにされる。放送された後はどうだろう。好奇の目で見られ続けるかもしれない。多重人格という、まずほとんどの人が一生目にすることはない人間として、公の中で生きていくことを覚悟しなければならない。一度貼られたレッテルは引きはがすことはできないだろう。

しかしその一方で、私の中ではぜひ公にしたいという思いもあった。日本の精神科医の多くが認知しないという多重人格。それを見せてやろうじゃないか。嘘偽りなく、これが本当の姿だと、テレビで見せてやりたいという思いがあった。特に、私たちは多重債務で追い詰められている。嘘の病気で逃げようとしていると非難する人がいた。そう思われたくなかった。免責を勝ち取りたかった。人間として破綻《はたん》したから多重債務に陥ったのではない、この病気によって多重債務にさせられたのだ。そしてこの病気になったのは妻の責任ではない。それを証明したかった。

そのためにはテレビに出るのがいちばんの近道ではあった。妻に相談するわけにはいかなかった。妻には判断能力はない。私は迷いながらもＯＫした。いろいろ考えて、一つだけ条件を出した。お金ですか？　と取材側は言った。いや、金ではありません。本当は金も欲しかった。しかし、いくらもらえるか知らないが、私たちの債務に比べたら微々たるものにしかすぎない。であれば、別になくても大差はない。しっかりと放送してもらうほうが大事だ。

私の出した条件はただ一つ。嘘偽りなくそのままを放送してほしい。嘘ではなく本当であることを言うために、私たちは退路を断つ必要があった。実名で出してください。仮名にしないでもらいたい。モザイクもかけないでほしい。取材側はちょっと迷っていた。これまではすべて仮名とモザイク処理で報道していたようだった。分かりました、でも子供だけは配慮しましょうと、ＴＢＳの担当者は言った。なるほど、子供はやはり隠さねばならないだろう。ただ、子供が本名で出ても、私たちは完全に守りきる自信はあった。もう何も失うものはなかったから。

「家族ラボ」での三回目から五回目の診察風景、それに私の家での取材を終えて、五月にそれは放送された。新聞のテレビ欄の見出しはこうだった。

《衝撃　苦悩…　多重人格の主婦　知らぬ間に多額の借金
〝人間になりなさい〟　五つの人格に家族は…　壮絶な治療》

「純子さん。三人の子供を持つどこにでもいる主婦。しかし、この主婦の中には五人の人格が住んでいる。リサは五歳の少女。ケンは十五歳の少年。カオリ。シズ……」

まず純子が夕食を準備している姿から始まった。テレビでアニメが始まると目をそらせなくなる。食い入るようにアニメを見ているのはケンだ。

頭痛がして、リサが現れる。アニメを見ながら指をしゃぶるリサ。

純子へのインタビュー。記憶の欠落がある。不可解な金融会社からの相次ぐ電話。いきなり六十件、五百万円の借金の督促。身に覚えがないという純子。

目つきの悪いカオリが登場してチューハイを飲みはじめる。

食卓で、ほら食えと子供たちを威嚇するカオリ。涙ぐむ子供たち。

リサは右利きだが、左手で文字を書くケン。画面が二分割になり比較される。明らかに異なる二人の筆跡が並ぶ。

カウンセリングで、ボールペンを握りしめ、町沢医師に襲いかかろうとするシズ。町沢医師はシズの腕を押さえ込み、人間になりなさいと叫んでいる。

酒を飲みながら、カオリが自分の腕を箸でしきりに突き刺す。おかしいな、俺の体なのに、こうしても、全然痛くねえやと言う。

夫に飛びかかり、腕にかみつこうとするシズ。その狂乱のシズを押さえ込む夫。

弁護士へのインタビュー。法主体としては民事上は一つ、同じ体を共有する一人です。

夫は多額の負債の一覧表を見ながら、途方に暮れている。

この家族は今後どうなるのか。

以上で放送は終わった。


私の友人が見ていたらしく、放送直後に電話してきた。驚いている。いったいどうしたんだ。前から知ってたの？　と聞く。知ってるわけがない。いちばん驚いているのは夫の私自身だ。リサ、ケン、カオリ、シズなどが出ているが、外見上はすべて妻の姿である。くるくる役割を変えている下手《へた》な一人芝居を見ているような感じがする。だが、これは芝居ではない、まぎれもない現実なのだ。

後日、何人かが放送を見たと言った。よく本名で出たねとまず言われる。シズの凶暴さに大丈夫かと聞いてくる。子供がかわいそうで見ていられなかったと言う人もいた。しかし、もっと反応があるかと思っていたが、拍子抜けがするほどない。特に、子供の同級生の母親は妻の顔を知っている。その人たちが見たら、腰を抜かすほど驚くだろうと思った。そして、その後どうなるだろう。子供たちにいじめがあるかもしれないと思った。しかし心配するほどではなかった。妻と気付く人は一人もいなかった。やはりほとんどの人はテレビなど見ていないのだ。あるいは、まさかあの人がと思って見ているから、気付かないのかもしれない。だが少なくとも、妻の病気が本当であることは理解してもらえるはずだ。

おのおのの交代人格は完全に独立した人間たちである。おのおのの人生もあれば、出来事もある。性格も違えば、考え方も違う。感情も違うし、癖も違う。顔も違うと彼らは言う。リサは美少女、ケンは美男子、シズは美人らしい。ではカオリはどうなの？　と聞くと、ケンは恐る恐る、とても僕の口からは言えませんと答えた。おそらく、すごい顔をしているのだと思う。彼らが出ている時、鏡を見たらどうなのか、本人たちに聞いてみたい気がする。

少女リサが書く文字は鏡文字である。つまり幼児が書くように左右逆なのだ。

少年ケンは左手で文字を書く。文字を読む時に老眼鏡はいらない。

カオリがしゃべるとまるで男のように乱暴な言葉を使う。

シズが出ると、まるで上品な淑女のようで、立て板に水でしゃべりまくる。

ヤマジは武家言葉で、丁重なことこの上ない。このヤマジだけは正体不明だ。

カオリは、消されることを極度に怖がっている。かつて存在した仲間、タカコとアカリが消えてしまったことがショックだったのだろう。カオリにとっては仲のよい友人が死んでしまったということなのだ。もう二度と会うことはできない。死因はどうも純子にあるとカオリは気付いている。だから自分が消される前に純子を乗っ取ろうとたくらんでいる。いずれ必ず純子と入れ代わってやるとカオリは言う。だが、主人格を乗っ取ることはできない。そのことにカオリは気付いていない。町沢医師も彼らと話し、根気よく丁寧に説得を続ける。

「入れ代わることはできない。あなた方は純子の体を借りているのだ。だから、純子が死ねば、あなたたちも死ぬんだよ。それと、いなくなった人は消されたのではない、純子に統合されたのだ。死んだのではないのだ。自分の役割を終えると、純子と一緒になって、その中で生き続けるのだ。その証拠に、純子の性格の中にその統合された人の性格が反映されてくる。たとえば食通になるとか、ファッション感覚が敏感になってくるとか」

でも、と町沢医師は話を続ける。

「統合だけが解決の唯一の道ではない。純子に統合しなくても、それぞれの人が納得して、問題を起こさなければ、それでも十分です。そのままみんなで生きていけばいいのです」

彼らは主人格、つまり純子がばかでのろまでどうしようもない奴だと思っている。確かに、自分たちが出ることによって救ってやったわけだから、主人格に対して、なんと世渡りの下手な奴だ、自分たちより能力は劣ると感じているのは確かだ。そんなばかに自分たちが支配されるはずがない。だから簡単に乗っ取れると思っている。なおかつ、そんな主人格を助けてやったのに、感謝の一言もないということにいらだっている。なぜ、俺の声を聞こうとしないんだとカオリは怒る。町沢医師は根気よく説得する。

「純子にはあなたたちの声は聞こえない。何か頭の中でわんわんしている。頭痛、耳鳴りのような感じしかしないのだ。だから、あなたたちの声は聞こえない。ただし、自分が多重人格だと気付いたら、次第にかすかだが、聞こえてくるようになる」

町沢医師は妻にも納得させようとする。

「そういうことで交代人格が登場して、あなたを助けてくれたのは確かなんです。今はとにかく訳が分からないだろうが、彼らに感謝してください。純子さんには彼らのおかげで助かったという実感はないでしょうが、彼らによってあなたは助かったのです。ですから、今はとにかく感謝してください。そうすれば、彼らは納得してくれるんです。そうか、そうか、ようやく分かってくれたかと。すると次の会話の糸口につなげることができるんです」

カオリはなかなか納得しようとしなかった。俺が、俺がと主張し続けた。俺の存在を分かれよ。俺の力を認識しろ。俺はここにいるんだ。俺のおかげで純子は存在してるんだ。俺がいないとこいつは駄目なんだ。こいつが虐待されて棒で殴られた時、俺が出ていかなければ、こいつは生きてはいないんだ。お前たちは分かっていない。俺がいかに大変だったか。

妻はよく理解してくれた。謝る理由がないのに、謝れと言われて謝らなければならない。感謝しろと言われて感謝しなければならない。あなたのつらい部分は全部、交代人格が引き受けてくれたと言われる。だから、あなたにはつらい記憶はないのだ。彼らのおかげなのだと言われて、妻はどこまで理解できたのだろうか。だが言われて妻は涙を流した。感謝した。ぼろぼろと涙を流し続けた。たぶん、孤児院での暮らしを思い出していたのだろう。交代人格たちが妻のつらさを引き受けてくれたとしても、おそらくすべてではないだろう。そこからはみ出してくるものはありすぎる。そのはみ出してくるものだけですら、普通の人には抱えきれないほど重すぎるだろう。そのはみ出してくるものが妻の記憶だ。妻は泣きながら、ありがとう、ありがとうと言い続けた。つらい過去を思い出していたのだろう。もし彼らが引き受けてくれなければ、今、妻は生きてはいないのだ。

そのかいがあってだろうか、五回目のカウンセリングから、カオリの態度が少しずつ変わってきた。町沢医師の粘り強い説得が次第に形となって現れた。カオリは自分の考えはひょっとしたら間違いかもしれないと思いはじめた。確かに町沢医師の言うように、純子の体を乗っ取ることはできない。箸で体を突き刺しても、痛みを感じないのだから。感謝の言葉がないと怒っていたが、純子にその自覚がなく、またカオリの声も純子に届いていないのであれば、仕方のないことだ。そしてそれにもかかわらず、純子は自分に対して感謝の言葉を投げかけてきてくれる。

カオリはずっとシズにたき付けられてきた。カオリさん、そんなことでいいんですか。あなたの努力を誰も分かっていない。私は分かっています。あなたがいるから、あの人は生き延びられたのです。すべてあなたのおかげです。でも、あの人はそれを感謝していない。あなた、悔しくないんですか。あなたの力であの人は生き延びているのに、何もあなたに感謝していない。結婚して幸福に暮らしている。それでいいんですか。あなたは幸福ですか。そうではないでしょう。あの人はあなたを忘れようとしている。あなたを踏み台にして幸福になろうとしている。あなた、悔しかったら復讐しなさいよ。ヤミ金から借りまくって困らせてやりなさいよ。

しかし、ようやくカオリは気が付きはじめたのだ。自分はもしかしたらシズにだまされているのではないか。ようやくカオリは疑念を抱きはじめた。シズにたき付けられている。シズにあおられ、操作されているかもしれない。一方的にシズの言い分を、その通り、その通りとうなずいていたが、今、町沢医師の話を聞くと、どうやらとんでもない思い違いをしているのかもしれない。町沢医師の必死の説明と説得で、カオリもようやく、そうかもしれないと思いはじめた。だって、町沢医師の言うことのほうがすべて正しいのだから。

カウンセリングでシズが出ると、その会話をカオリはじっと奥で聞いている。そして気付いた。頭の奥でシズが自分に言っていることと、表に出て町沢医師に言っていることが違うと。

シズはカウンセリングで出ると、自己弁護に徹している。私は悪くない。だって、私はヤミ金なんかから借りてない。借りているのはカオリさんでしょ。私じゃない。すべては、カオリさんがしたことなのよ。

カウンセリングでカオリが表に出ている時、奥でシズがさかんにけしかけているらしい。大声で叫んでいるという。

「カオリさん、あなたはこんなに一生懸命に痛みを引き受けてきたのに、黙っていいの？」

「そいつを殺せ。殺すんだ」
「だまされるな、お前が消されるぞ」

カオリは奥に戻った時、シズを問い詰めた。お前、表と裏ではずいぶん言い方が違うじゃねえか。シズはあの手この手で言い繕《つくろ》うが、しかし、もうカオリはその嘘を見抜いていた。そして、とうとう派手な喧嘩が始まったらしい。妻はいきなり、後頭部が割れるように痛いと言った。以前、町沢医師のもとで描いた妻の頭の中の地図によると、シズがいるのは後頭部の部分だった。そこが割れるように痛いと言う。そこでカオリとシズは喧嘩をしているらしい。だから妻の後頭部に耐えられない痛みをもたらす。文字通り七転八倒、のたうち回って、妻は痛みに耐えている。カウンセリングではシズとカオリが次々と現れては毒づいて消えていく。終わった後では、妻はしばらくは起き上がれないほどだ。

シズは、カオリの虚栄心をくすぐる形で、おだてにおだてあげたのだ。あなたはもう四十年近く、純子のために尽くし、我慢に我慢を重ねてきた。もういいでしょう。今こそ立ち上がる時です。二人で手を組んでこの家を乗っ取りましょう。純子が事業を始めたこの時期こそ最大のチャンスです。今を逃すともうチャンスは来ないでしょう。いよいよ復讐の時が来た。あなたと私で花田家を崩壊に導き、純子と入れ代わるのです。

カオリとシズがついに別れる時が来た。カオリはシズに言葉巧みに操られていることにようやく気付いたのだ。すると、カオリは驚くべきことを話しはじめた。こんな告白をするということは、町沢医師を完全に信用しているということだ。

「シズと二人で分担して決めたんだ」

「何を?」

ヤミ金から金を借りるのはカオリの役目で、会社で出資金を集めるのはシズの役目だった。

二人で役割を分担して効率よくやりましょう。あなたは男性的で気っぷがいいからヤミ金をお願いするわ。私は品がいいからいいところの奥様風に迫ってみます。

「本当か?」

「俺はもう嘘はつかねえ」

二人は完全に分業化していたのだ。ヤミ金はカオリ、会社への出資話はシズ。脅迫的な男たちとの交渉はべらんめえのカオリ、甘い言葉で巧みに出資を募るのは口の達者なシズ。そして単純なカオリはすべてをシズに報告し、シズはカオリには何も語らず、巧妙に指示を出していた。シズがかかわっている出資の話には、カオリは完全に蚊帳の外で無視されていた。牛耳っていたのは完全にシズだということが分かった。豪放磊落《ごうほうらいらく》だが単純でもあるカオリは、シズの策略にまんまとはまっていた。

足裏シートに約二千万円近い金が動いていることを聞くと、カオリは文字通り目を丸くし、絶句した。

「俺、そんな話、一言も聞いてねえよ」

カオリは完全にシズにだまされていたのだ。

カウンセリングによって交代人格がどんな考えを持っているのかが次第に明らかになっていった。怖いのは、まだ奥にいて表に現れていない人格がいるかもしれないということだ。もしかしたら第三の勢力がいるかもしれない。そしてまた新たに生まれ出てくる新しい人格があるかもしれない。善であればいいが、悪だと大変だ。すべての交代人格と、その関係図が出来上がっていないだけに、とても不安だ。

交代人格たちの中にはリーダーが一人いる。そのリーダーは表にはめったに出ない。巧妙な策士なのだそうだ。だがそのリーダーが権威を失墜する時がある。すると、リーダーはあせって表に出てくるらしい。その時が、いちばん危険な状態になると町沢医師が言う。さしずめ、それが今の状況だ。リーダーはシズだろう。そして、カオリが策略に気付いてシズの権威は失墜しようとしている。シズは最大限の力を発揮して、表に現れようとしている。非常に危ない状況だ。地下のドラゴンが怒りを爆発させ、地表を突き破ろうとしている。

カウンセリングでシズが登場した時、シズはいきなり目の前のボールペンを握りしめて、町沢医師に襲いかかった。まわりに武器となるものが見当たらなかった。目の前にはボールペンしかなかった。それを握りしめて町沢医師を突き刺そうと振りかぶった。

「よくもカオリを手なずけやがったな」

町沢医師も男だ。シズよりは力がある。ボールペンを払いのけ、反撃し、シズの手を押さえ込んで叫んだ。

「人間になりなさい。人間としての正しい行いをしなさい」

すごい言葉を町沢医師は言った。とっさに、よくこんな言葉を言えるものだと感心した。

精神科医も格闘技を覚えなくてはならない。町沢医師は何度も患者から殴られたと言う。いきなり殴られて歯を折られたこともあったらしい。

この場面はテレビで放送された。まさしくシズの顔は悪鬼《あっき》の形相であった。テレビを見た人から、一緒に暮らしていてよく怖くないですねと聞かれる。寝ている時によく殺されなかったですねと言われたこともある。これまでシズは私の家では登場しなかったと思う。だが、カウンセリングが進むにつれて、シズの立場はだんだん危ういものとなっていった。カオリが離反していき、次第に孤立が深まり、見えも外聞もなくなった。ついに私の前に現れることになった。この部分もテレビで放送された。家でシズが私に襲いかかってきた。私はシズの両手首を持って押さえ付けようとする。シズは私に向かってつばを吐き、かみつこうとする。このものは人間ではない。悪霊のように思える。私は人間と戦っているのではない。思わず助けを呼んだ。

「純子さ〜ん、純子さ〜ん、戻ってくれ〜」

へなへなとシズが倒れこんだ。純子に戻った純子の体が失神していた。テレビで放送した通りである。

会社に出資した人に集まってもらって、釈明をするために、私と妻が出向くことになった。石神井の小さな喫茶店に七名の女性がいた。後で二名来るという。みなさん主婦だった。五十万円から百五十万円出したという。私は今回の経緯を説明し、妻の病気のことも話した。そして、残念ですが会社を閉じることにしたと報告した。

彼女らのねらいはただ一つ。私だった。私が肩代わりして払うという念書を書いてくれということだった。会社が払えない、妻が払えないということは彼女たちは理解していた。だからこそ、私に払えと迫った。夫である私に、払う責任があると言った。私は拒否した。払いたくても払えない。もうそんな金はない。また代わりに私が払う義務もない。私は妻の事業には一切タッチしていないのだから。念書ぐらい書いてもいいでしょう、それで私たちは安心するのですからと彼女たちは言った。私は書けませんと言った。払えないのに払うと書けば、そのほうが不誠実だと思います。私は書きません。押し問答が続いた。

「私たちは儲けようと思ってやったわけではない。純子さんのために投資したのです」

と彼女たちは言った。もしそれが本当なら感謝してあまりある話だ。しかし、私は信じなかった。彼女たちはお金が欲しくて出資した。そして儲けそこなった。行き場のない怒りを私に向けている。最後にいちばん若い主婦が言った。

「ヤミ金から借りてでも私には払ってほしい」

この人たちはやはり妻のためを思っているのではない。儲けたいから出資したのだ。なけなしのへそくりを投資した人もいるだろう。決して余裕があるから出したというわけでもなさそうだった。しかし、私たちは払えない。私は妻を連れてそこを出た。

後で聞くと、彼女たちは山田さんを責め立てたという。なんと、もしもの時は山田が払いますという念書を書かされていたのだ。書いた山田さんも山田さんだが、書かせた彼女たちも彼女たちだ。私がとやかく言う筋合いではないが、山田さんには毅然としてはねつけてほしかった。

後で私の友人にそのことを話すと、青い顔をして言った。

「お前、もし念書にお前が判を押したら、どうなるか知ってたのか?」

「いや」

「もしお前が死んだら、その金はお前の子供が払わなければいけなくなるんだぞ」

「え〜〜〜〜っ!」

私は絶句した。そんなことは全く知らなかった。私の子供にまで借金が残るとは……。そして思う。あの人たちはそのことを知っていて、私になんとか念書を書かせようとしたのだろうか。もしそうだとしたら、妻のためと言いながら、とんでもない人たちだということだ。人間を信じなさいという気持ちと、人間を信じてはいけないという気持ちで、常に我々は揺らいでいる。だが、本当は、人間を信じてはいけないのだ。

問題はシズが集めたそれらの金がいったいどこへ行ったのかということだ。金の行方が皆目分からない。カオリがヤミ金から借りた金がどこに行ったかは分かる。ヤミ金の法外な利息に当ててすべて消えていったのだ。私たちの家庭を崩壊させるために借りた金だ。私を苦しめて、離婚に追い込んで、あわよくば自殺すれば最高だというつもりで借りまくったのだから、金が欲しいわけでも必要なわけでもなかった。私に借金を背負わせて、苦しめるのが目的だから、ヤミ金から借りてすぐドブに捨てたこともあったかもしれない。私を絶望に追い込むための借金だから、その金が残っているわけがない。

シズが集めた金が問題だ。その金はいったいどこへ行ったのだろう。それはシズに聞くしかない。だがリーダーであり、策士であり、頭脳派で、一筋縄ではいかないシズが簡単に分かるようなところに隠すわけがない。そして、その場所をシズが話すわけがない。

妻を見て、会社に出資した主婦たちはまるで違う人みたいだと言った。彼女たちの前で出資を募る妻は、口がうまく立て板に水だと言う。あまりにもうまいので、つい乗せられてしまうと言う。しかし、そんな妻を私はこれまで一度も見たことがない。やはりシズであろう。カオリではない。カオリなら男言葉を使うだろうし、口下手だ。シズは洋服のセンスも違うらしい。いい服を着こなして現れるという。どんな姿で、どんなふうに語ったのか想像しにくい。私の妻からいちばん遠いイメージだ。そのシズは今、孤立している。どうすればいいのだろう。やはり、この件は弁護士に一任するしかない。妻と、そして会社の自己破産を進めてもらうしかない。

半月後、会社の自己破産を進めるに当たって破産管財人を入れることになったと、弁護士から連絡があった。管財人になるのは普通の弁護士だと言う。いそいで二十万円振り込んでほしいと言われた。わが家の金はもう底をついた。もう一度、兄に電話してみるしかない。

妻が多重人格者だということを知って驚く人が圧倒的に多いが、ある人たちはあまり驚かない。それが私には不思議だ。実は私自身が最も驚いているのであり、毎日妻と顔を合わせていても、いまだにこの中に多くの人間がいるという事実にどうしても納得できないのだ。いかに人間が不可思議な存在だといっても、妻の中に、妻と全く考えや趣味や目的が異なる多くの人がいるなんて承服しがたい。承服できるわけがない。私はほんろうされ続けている。妻と共に歩いた二十年間はどう解釈すればいいのか。私は妻の顔をじっと見つめる。見つめながらやはり納得できない。そんなばかなと思い続けている。これは以後もずっと感じることだろう。

カオリは告白した。自分が出た時は、ずっと純子のふりをしてたからなと。しかし、今カオリが出るとすぐ分かる。一重まぶたの陰険な顔に変わるからだ。もちろん、交代人格の一人にカオリがいるということが分かったからだ。もしカオリの存在を知らないとしたら、一重まぶたの妻を見てもカオリとは分からないだろう。そのことは、ケンでもリサでもシズでも同じだ。では、いったい本当の純子とは何か。みんなにも聞いてみたい。本当のカオリとは誰なのか。本当のリサとは誰なのか。本当のケンとは誰なのか。そして、では本当のあなたとは誰なのか。定義づけることは難しい。どういうのが本当の自分なのか。

驚かない人はいったいどういう人たちなのだろう。世の中いろいろあるからね、多重人格？　そんなこともあるでしょう。いちいち驚いてはいられないよという感じだ。子供は特にそんな感じだ。娘たちもすんなり順応した。母が多重人格者であることに驚かない。あなたは誰？　とか、今どなたが出てますか？　なんて聞いている。母ちゃんだよとか言われて怒られている。それでももう怖がることはない。誰が出ようと母は母なんだからという思いがあるようだ。しかし長男だけは違った。なかなか受け入れようとはしなかった。母の中に悪い奴がいて、それが母を乗っ取ろうとしていると言うと、そんな奴はおれがぶっ飛ばしてやると言う。

カオリが出た時、いそいで長男を呼んだ。

「見てみろ、これがカオリだ。お前、ぶっ飛ばせるか、母さんをぶっ飛ばせるか」

カオリは長男を見てあざ笑っている。さあ、おれを殴れるのかというように。

「……」

長男は困惑している。母を殴れるわけがない。

私は子供たちの前ですべてをさらけ出した。現実を隠すつもりはない。これが現実だ。その現実をじっくり見つめてほしい。母の苦しみを理解してほしい。そのためには現実を見つめ、受け入れることだ。長男も次第に理解するようになるだろう。だが、長男はあまり興味がないようだ。無視している。おれには関係ねえや。そんな感じだ。そうかもしれない。そうできれば、それがいちばんの対処法なのかもしれない。

長女は意外なほどすんなりと他の人格の存在を認めた。母から別な人間が出ている時はすぐ分かるらしい。私には分からない。話してみてやっと分かる。だって感じが違うんだものと長女は言う。しかし、その違いはほんのわずかなものだ。長年一緒に暮らしている私でも分からない。長女は、カオリが出ている時は黙って通り過ぎるのを待っている。カオリはやばい存在であることが、長女には分かっている。また、カオリとシズも子供は相手にしないでほぼ無視している。ケンが長女と次女を心配してくれている。ある日、ケンが出た時、みんなで夕御飯の材料を買いに行こうということになった。僕は買い物をしたことがないからなあと、ケンは戸惑いながら出かけていった。しばらく手をつないで歩いていたが、道の途中で妻に戻った。

「あれ、なんで私、ここにいるの」

と妻は言った。

次女とリサはいい遊び友達である。お絵描きをしたり、パズルをして遊んでいる。テレビのアニメを見ながら、あれこれ話している。あの人は悪い人よとか、あはは、怒られてもしかたないよねとか、笑いながら仲良く会話している。次女はもっともっとリサと遊びたいようだ。時々、妻に向かって、ねえ、リサちゃん元気？リサちゃん、出てきてもいいわよと言っている。他の人が見たらどう思うだろうか。次女には全くといっていいほど、多重人格への違和感はない。一人の人間の中に多くの人間がいることが当然のように接している。これが本当は正しい考えかもしれない。私たちはあまりにも狭い世界に住んでいるのかもしれない。

交代人格の存在に慣れないうちは、妻はかなり苦しそうだった。ある日などは、一日十八時間ぐらい寝ている。交代人格が出ている時間は自分の時間ではないからだろうか。自分の睡眠時間を確保するのが精いっぱいという感じだった。ふと、冗談で考えてしまう。掃除、洗濯など誰かに代わってもらえばいいじゃないかと。妻が病気になった時は、別の人間に出てもらえばいいのだ。そんなことを考えていたある晩、おい、今日の夕飯は俺が作ったからな、遠慮なく食えよとカオリが言った。またしても仰天してしまった。冗談ではなく本当だったのだ。

カウンセリングは膠着《こうちゃく》状態になった。カオリはシズと完全に離反した。今では会うことも、話すこともないそうだ。シズはカオリを見限って、ケンとリサに触手を伸ばしてきた。なんとか自分の側に取り込もうとしている。しかしケンはもう物事の善悪の判断ができたから、シズの相手をしなかった。リサは怖いおばさんが近付くといそいで自分の部屋に閉じこもったらしい。ケンがそうするようにと、リサに言い含めているそうだ。

シズは孤立し、その他は連合してシズに対して包囲網をしいた。今や反省したカオリは言った。

「分かった。俺は命をかけて純子を守る。なにしろ、あいつとはいちばん古いんだからな。四十年だぞ、一緒にいるのは。あいつとはよく遊んだ。あいつが下駄で叩かれた時も俺がかばってやったんだ。おれは約束を破ったことは一度もないぞ」

カオリは私にも謝ってくれた。

「すまなかった。許してくれ。ヤミ金はすべておれがやったことだ。申し訳ない。これからは純子を必ず守るから安心してくれ」

頼もしかった。交代人格たちはどちらかというと純真だと思う。真摯《しんし》に物事を考えようとしている。言ったことは裏切らない。純子を守ると言えば、必ず守るだろう。

カオリは心強い味方になってくれた。純子が誠心誠意、彼らに感謝し、謝罪の言葉を述べた効果が現れたのだ。

町沢医師は、彼らは円卓会議を開いていると言う。円卓のように円陣を組んで物事を相談しているらしい。純子を守るために、一日三交代でシズが出ないように見張っているらしい。昼間はカオリ、夕方から夜はリサ、夜から朝まではケン。だからリサは夜、テレビの前でアニメを見ている。それでもシズはすきをついて出て、お前たちは殺されるぞと叫ぶらしい。リサが幼いのが心配なのか、ケンが文字を教えはじめた。リサは幼稚な字で時々、左右逆の鏡文字を書く。やはり五歳なのだろう。ケンは早く学ばせようとかなりスパルタ式に教えているようだ。町沢医師は言う。

「交代人格は急速に大きくなります。教育すると半年で五、六歳の成長をします」

ところで、みなさんはこういう話を理解できるだろうか。私は話を進めすぎてはいないだろうか。心配になってくる。この多重人格の世界は全く不思議な世界だ。理解するには、何度も立ち止まらざるをえない。

不思議なことは多い。妻はもう四十五歳である。文字を読むのに老眼鏡を必要とする。しかしある時、眼鏡なしで本を読んでいる妻に私は気付いた。ケンが出ていたのだ。驚いた。ケンが出ると眼鏡はいらないのだ。不思議だ。体は四十五歳の純子だ。眼球も老化しているに違いない。だが十五歳のケンが出ると眼鏡などいらないのだ。そんな馬鹿な。科学ではどう説明するのだろう。町沢医師に聞いてみた。

「人間の不思議さはまだまだ解明できていないんですよね」

その通りだ。その不思議さを間近に見て、ますます私の困惑は深まる。

妻がビデオを見る。ケンが見たいと思うとケンが見る。リサが見たければまたリサが見る。カオリはあまりビデオを見ないそうだが、カオリが見たければカオリが見る。私には妻が何回も同じビデオを見ているようにしか見えない。だが本当は妻が見ている時、妻の目のそばに行けば同時に見ることができるのだと言う。妻の目のそばでまるで映画館で見るように、暗闇の中で彼らがビデオを見ている。私はここで、大きく宇宙に向かって叫びたい気持ちになる。おーい、人間はとてつもない生物だぞ。おそらく私は彼らより先に狂ってしまうに違いない。まともな考えではまるで理解不能なのだ。

妻は交代人格と話すことができない。誰々が出てきてこう言った、ああ言った、という話は私から聞くしかない。交代人格同士は自由に会話し連絡できる。頭の中の右側頭部に妻の部屋があるらしいが、妻だけは彼らと話すことができない。もし会話できたら、もっと親密になれるかもしれない。すると、町沢医師は提案した。

「交換日記を作ったらどうですか。書きたい人が自由に書くのです」

面白いと思った。さっそく作った。ひょっとしたらシズも書くかもしれない。

最初に書いたのはカオリだった。

『純子へ　明日、おまえに手紙を書く。忘れるんじゃないぞ。かおりより』

妻もさっそく書いた。

『かおりさんへ。いつもありがとうございます。さっそくですが、私はいつもふしぎに思っていた事がございます。それは何でもない事なのに、主人が現れると、手に持っているものをかくすくせがあります。例えばチラシとか手紙とか、なんでもない事なのにサッとかくしてしまいます。なぜだろうといつも思っていたのですが、わかりません。もしおわかりになるのでしたら、教えて下さい』

『純子へ、ごくろうさん！　それはあんたが小さい時、そうじでもかたづけでも、完ぺきを求められていたので、そのくせがぬけきれないのだ。少しでもミスがあると、なぐられたからな。お前、少し気をぬけよ。まあ、時間はかかるだろうけどがんばれよ』

『おかあさんへ　どうしてリサのおかあさんはいないの。リサ』

『おかあさんがとても疲れるのは、必要以上にボクが出るからだと思う。ごめんなさい！　ケン』

『おまえ、時々俺の声が聞こえているみたいだが、他の声はどうだ！　対話的な会話か一方的な声だけか？　今度、俺が話しかけてみるから、聞こえたら声に出して返事してくれ。かおり』


なかなか面白い試みだった。交代人格たちが妻に直接問いかけることができるし、妻も彼らの考えを読み取ることができる。こうすれば、意見の食い違いもなくなるだろう。もっと早くやってみればよかった。妻も不安がだんだんなくなっていく。お互いがお互いを助け合って支えていこうという意識が生まれたようだ。だが、シズはやはり書かなかった。次のカウンセリングの時に、なぜ書かないのか聞いた。

「ふん、あの人たちと一緒にしないでください。作るのなら、私専用の豪華なのを作ってくれないと、私のプライドが許しません」

難しい人なのだ、シズは。リサが鏡文字を書くのも、この交換日記で知った。新しい発見は次々と続く。

治療はこれからどうなるのだろう、そしてどれくらい続くのだろう。町沢医師は早くても半年はかかると言う。

「とにかく主人格が強くならなければならない。主人格が弱いから交代人格が出てきたのです。いつまでも主人格が弱いと長引くでしょう。主人格が強くなり、逆に交代人格の相談に乗ったり、支えたりすることができれば、交代人格は主人格を信用し、反発しなくなり、自分の役割は終わったと認識して統合へ向かう。あるいはもう一つの道へ向かうでしょう」

もう一つの道とは？　先日、町沢医師が語ったことか。統合しなくても、一人ひとりが納得し、理解しあって生きていくことか。しかし、町沢医師の説明はまた驚きだった。

「交代人格は頭の奥のほうへ向かって消えていく場合があります。正確に言えば、奥の暗いところへ行って眠るのです。頭の奥は永遠に広がっている。奥へ行けば行くほど距離が広がる。まるで光速で進む宇宙のように。そのどこかで彼らはゆっくりと眠るのです。永遠に眠るのがほとんどで、めったに、よほどのことがない限り起きてこない。そうなれば、接触することもなくなります」

私は言葉をなくした。頭の中の宇宙の広がり。極微が極大である。頭の中に永遠がある。それは多重人格者特有のものなのだろうか。それともすべての人間の頭にもあるのだろうか。これはすごいことだと私は思う。交代人格たちがおのおの部屋なり家なりを持っていることも驚きだが、頭の奥に永遠の地平があるというのはすご過ぎないか。そして、そこに向かって進み、ある場所で永遠の眠りにつくとは。サルバドール・ダリが描くシュールレアリスム絵画以上の世界がここにはある。

交換日記によって妻はより正確に自分の位置を見つめることができたようだ。他の人格が確実に自分の言葉で書きつけてくる。これまでは対話もなく見ることもできなかったが、もはや彼らの存在を認めざるをえない。もはや疑いはない。自分たちの悩みをそれぞれが書きつづっている。そして妻に相談してくる。もはや主人格が強くならねば解決はつかない。

妻は決意した。妻自身の闘いが始まった。妻は強靭な精神と体の健康を求めて、朝四時に起きることにした。そして、柔軟体操をして、深く呼吸を繰り返す。妻はそれを自ら丹田《たんでん》呼吸法だと言う。いつ習得したのだろう。その後、めい想して、お経を唱える。妻はそれを修行と称した。修行によって妻は必死に強くなろうとした。前夜いくら遅くまで起きていても、必ず四時に起きてくる。それが二ヵ月間続くので私は驚いた。

妻は極度の低血圧である。血圧は三十から七十。生きているのが不思議だと医者に言われたこともある。朝起きるのはいつもつらそうだった。サポートしたのはケンだった。妻が起きてこない時は、ケンが妻を起こしているそうだ。お母さん思いのケンは必死で妻を応援している。どうやって修行方法を知ったのか？　誰かに教えてもらわないとできないだろうと私は聞く。奥のほうで心の声が教えてくれるから、その通りにやってるのだと妻は答える。

妻の何かが澄んできた。透き通った感じがする。何かは分からない。透徹した何か、そんな気がするのだ。心かもしれない。あるいは、それ以外の何か。

私は四時に起きることはない。いつも夜遅いので、ぎりぎりまで寝ている。しかしある日、妻が起きる音で目が覚めた。外は鳥がさえずりはじめている。妻がベランダに出る小さな音がする。そして妻が大きく息を吸い、吐き出した。すると驚いたことに、それまでかまびすしく鳴いていた鳥がピタッと一斉に鳴きやんだ。

数日後。夜、私が一人で酒を飲んでいると、カオリが出てきた。

そして息せき切って私に言った。早く報告したくてうずうずしていたという感じだ。

「お前、知ってっか、純子は、あいつはすごいぞ、俺、驚いたぞ、あいつ天気を変えやがった」

今朝、修行を始めようとすると、黒雲が押し寄せてくる最中だったと言う。妻がめい想して黒雲を撤退させたのだと言う。カオリはそれを目の当たりに見たのだと言う。

私も内心驚いていた。妻がそういう力をふたたび持ちはじめたことに驚いたのだが、もう一つ、カオリがこれまで妻をばかにしていたのに、今、尊敬のまなざしで妻を見ていることにも驚いたのだ。そうだ、ここがチャンスだと思った。

「な、そうだろう。お前なあ、純子をばかにするとえらい目にあうぞ。純子はな、選ばれた人なんだぞ」

「なんだそれ？」

私は久し振りに妻の超能力を思い出し、説明した。

カオリは目を丸くして驚いていた。じっと私の目をのぞき込んで、情報を得ようとする。長い間、妻と共にいたはずなのに、それを知らないとはどういうことだろう。

「まあ、いいか、お前も一杯付き合えよ」

私はカオリに酒を勧めた。

「焼酎しかないけど、いいか？」

「ああ、俺、焼酎大好きだ。純子はあまり飲めないだろ。せいぜいビール一杯だよな」

「あれ、ワイン飲んだことがあるぞ」

「ああ、ワインね、ワインは俺、飲めねえ、あんな高尚な、ブリッコの酒なんか飲めるけえ」

「じゃ、誰が飲んだんだ？」

「シズでも飲んだんだろ。俺は知らねえ」

「まあ、遠慮なく、どんどんいってくれ」

「お前、けっこう、いい奴だな」

いつしかカオリは私の酒飲み友達になっていた。

ヤミ金への反撃

さて、ヤミ金に対してもそろそろ反撃する時期がきたようだった。カオリは完全にこちらの味方になった。それによって面白い方向に展開したのが、ヤミ金との過払い金返還請求闘争である。渋谷民商と出会うことによって、私たちは悪徳金融業者を撃退することができた。そこで、いろいろな知識を得た。悪徳業者は被害者の無知に付け込んで脅し、あの手この手でむしり取ろうとする。知らないと損をする。知らないとばかをみる。知らないほうが悪いと言われる。

まず「貸金業規制法」がある。業者は貸金業の登録をしているか。貸し付ける時に書面を交付しているか。金の返却時に受取証書を出しているか。貸し借りの帳簿、たとえば計算表とか現金出納帳とかを正確に記載し、三年間保管しているか。白紙委任状を取っていないか。他の念書をとっていないか。などが規定されている。

特に取り立て行為の規制では、午前八時から午後九時以外で督促行為を行ってはならない。大声をあげたり、乱暴な言葉を使ったり、暴力的な態度をとったり、多人数で押しかけたりしてはならない。電話・電報・貼り紙・落書き・勤務先への訪問禁止。他の業者からの借入弁済、法律上義務のない者への支払い強制の禁止、など細かくある。

次に「出資法」では、貸金業者は年利二十九・二パーセントを超えてはならないと規定している。これを超えた利息を要求した者は、出資法違反で五年以下の懲役もしくは一千万円以下の罰金、またはその両方を科せられる。

ヤミ金で「貸金業規制法」と「出資法」を守っているものなど一軒もない。守ればヤミ金などできない。ヤミ金業者と対決するには、過払い金返還請求をする。つまり、利息を過剰に払っているのだから、それを返してもらうわけだ。正当な利息に基づいた計算書と申入書を送る。貸金業者が取り過ぎ分を返さなければ、正当な手続きをとって警察に告訴する。

民商からこの話を聞いた時、あぜんとした。これまで個人で対処していたため、一方的に脅され、付け込まれ、なすがままにむしり取られていた。第三者である民商が入ることで、なんとか業者の圧力がストップすればいいと願っていた。ところが民商は、反撃せよと言うのだ。恐怖で震える小鳩に、荒鷲のような極悪人に立ち向かっていけと言うのだ。

最初は民商の人がやりますが、後は自分でやってくださいと言われた。奴らの卑しい言葉の暴力、脅しに対して平静さを保つことはなかなか難しい。人間性が崩れていく気がする。相手の言葉に対応し、説得していく時、自分の中の誇りを自分で傷つけ、捨て去る感じがする。惨《みじ》めだ。こんな奴らと話すことそのものが情けなく惨めに思えてくる。だが、仕方がない。私の妻に起こった出来事だ。私は逃げるわけにはいかない。

まずどこからやりましょうかと、約三十業者のリストを見ながら民商の人が言う。私は覚悟を決め、ここからいってみましょうと言った。スポーツカータイプの車に乗って、ほかのヤミ金業者のところに連れていくから、そこから借りて払えと強制した奴だ。ファックスの番号は知っている。そこへ申入書と計算書を送った。申入書には過払い金返還先として私の銀行の口座番号が書かれている。計算書は、利率を二十パーセントとして、取引日と借入額、そして返済額と日数をパソコンに打ち込んで正当な残高をはじき出したものである。

十分後に民商の人が貸金業者に電話してくれた。

「もしもし、先程ファックスを送った渋谷民商の者ですが、担当者の方とお話ししたいんですが」

相手が沈黙した。ちょっと待ってという言葉があって、しばらくして人が代わり、二言、三言話したら、民商の人は受話器を置いた。

「過払いの三万五千円、口座に明日振り込むそうです」

あっけなかった。あまりの簡単さに、喜びがわいてこなかった。

続いて私は満身の力をこめてガッツポーズをとっていた。
「よしっ、やったー!」
私のまわりを取り囲んでいた、もやもやとした重い鎧《よろい》がはじき飛ばされた感じであった。簡単だった。あまりにも簡単すぎた。民商の力をまざまざと見せつけられた。うれしかった。これはいけると思った。そして次の電話から自分が交渉することにした。

だが最初のようにうまくいくことはなかった。相手はまず否定する。そして証拠を見せろと言う。何の話だととぼける者もいる。一方的にがなり、わめき散らす奴もいた。担当者が不在だと言い続け、逃げ回る者もいた。毎日、粘り強く電話し続けた。

いつ、いくら借りたのかが分からない。とくに私の家の場合、復讐するためにカオリが借りまくった。家庭を破滅させるのが目的だから、返すつもりもなければ、証書をもらう必要もない。借りた金をどう使ったのかもさっぱり分からない。三十社のうち、正確に貸し借りが分かっているのは数社しかない。ほとんどは分からない。たくさんあるから、いつ、いくら、どういう形で借りたかを相手に言えない。事務所に行って借りたのもあれば、口座振り込みもある。返した方法も、口座、事務所と入り乱れている。一万円だけ返してその場でまた借りた場合もあれば、全額返してまた借りた場合もある。そんな記録は一切残っていない。だから計算書が送れないから交渉もできない。

私は途方に暮れた。これまでか。いいようにあしらわれて、むさぼられて、それでおしまいだ。

するとみかねた妻が、自分がやってみようと言いだした。私はためらった。妻にはもう一切、金にタッチさせたくない。金とは無縁にしておきたい。それに、金のやり取りの経緯を妻は知らない。だから交渉のしようがないと思う。しかし妻は言った。

「大丈夫よ。カオリさんがいるから」

民商の人たちはテレビで私たちのことを見ているので、妻が多重人格者であることを知っている。私は事細かく説明している。借金をしたのが純子ではなくカオリであることも話してある。

民商で妻はカオリと代わった。カオリは男っぽい乱暴な性格だが、頭はすごく切れる。純子がばかだからいらいらすると、よく言っている。記憶力は抜群だ。

三十社一つ一つの貸し借りの経緯をすべて記憶していた。いつ、どこで、いくら、どういう契約で借りて、いつ、どこで、いくら、こういう方法で返して、また、いつ、いくら、どう借りたのか、メモを見ないですらすら答えた。あんたあの時、こう言っただろう、あんたあの時、こういう格好してたよ、と電話口で言う。証拠がないので、高飛車に出て逃げようとした相手が、しどろもどろになってしまう。借りた金七万円持たせてポラロイド撮っただろ、プライバシー侵害で訴えるぞ。相手は黙ってしまう。民商の人も驚く。

「いやあ、慣れてらっしゃいますね」


カオリが電話すると、ほとんどが過払いを認め、返すと言ってきた。次から次へと過払い金の返還交渉が成立していった。ある日、街を歩いていると携帯にメールが送られてきた。見ると妻からである。いや、妻ではなく、カオリからだった。

「かおりだ。○○空間以外全部交渉は終わった。月曜日に振り込むとの事」

やはり営業ができなくなるのが怖いのだ。逆にいえば、わずかな過払い金でもめて、ぼろ儲けの金づるを失いたくないのだ。ヤミ金は一年で一億円の利益を得るという。わずか数万の過払い金で一億円をふいにする奴はいない。まけてくれと言う者もいたが、それは突っぱねた。私たちは法律に基づいて交渉している。安くすれば、高い利息を認める形になってしまう。それはできない。そもそも多く取り過ぎているのに、なぜ取り過ぎをまける必要があるのか。そうなのだ。奴らはそもそも考え方自体が間違っている。犯罪を犯しているのに、もっとまけろと言う。存在自体が犯罪だということを、まだ認識していない。無法が相変わらずまかり通っている。

まとまった金は払えないから、分割でお願いできないかと言ってくる奴もいる。奴らは貸す時にはたくさん貸す。返す時にはないと言う。嘘つけ。分割でもいいが、その間に会社をつぶしてしまう恐れがある。そうしたら取り損ねてしまう。だが、それが奴らのねらいだ。だからこちらとしては、できるだけ一括で払うようにもっていく。だが一社だけ、四回払いでないと払わないと言ってきた。海老原といい、私の携帯電話の番号を教えろと長女を脅した奴だ。警察に行って取り締まってもらうぞと言っても、いいよと取り合わない。四回払いなら確実に払うと言う。しょうがないから、そこだけ分割にした。

するると案の定だった。半月後、その事務所の電話が通じなくなった。事務所を閉じたのだ。しまった。やっぱりだ。

これからが不思議だ。妻は民商でめい想しはじめた。いや、妻ではなくカオリか。いや、カオリではない、誰かだ。そしてしばらくすると紙にすらすらと文字を書きはじめた。３４５６―×××。そこに電話した。海老原が出た。海老原は怒り狂った。

「この野郎、今朝、開いたばかりなのに、どこで手を回しやがった、汚ねえぞ」

汚ねえのはそっちだ。やばくなると事務所をたたんで、すぐ別の事務所を作る。これが彼らのやり方だ。弱い者を脅すだけで簡単に金が入ってくる。こんなぼろい商売はない。彼らとしては金づるを手放すことはない。警察が取り締まらないのをいいことに、好き放題をしている。よほどでないと警察は動かない。奴らはそれを知っている。逃げ回れば生き延びられることを知っている。ちょっとやばくなるとすぐたたむ。なにせ四万三千円で登録はできる。かくしていつまでも悪は眠らないだろう。

とにかく海老原に、翌日までに全額過払い金を振り込むことを約束させた。もし約束を守らなかったら、その時は今度こそ容赦しない。

次の日、ちゃんと振り込まれていた。海老原はよほど不気味に思ったのだろう。誰にも教えていない電話を突き止めたのだから。民商の人も不思議がっている。どうして電話番号が分かったのか。私は驚かない。ときどき妻の超能力を見ている。これぐらいは簡単だ。相手を病気や事故に遭遇させることもできるかもしれない。

私の疑問はただ一つ。その超能力はいったいどこから来るのか。あるいは誰が持ってくるのか。純子ではない。カオリでもない。だとすればただ一つ。ヤマジだ。交代人格たちは言う。ヤマジさんだけは自分たちと違う。会ったことがない。自分たちの仲間ではない。純子の頭の中にヤマジさんの部屋はない。ヤマジさんが連絡をとってくるまで、自分たちは会うことはできない。ヤマジさんに会いたいとカオリはいつも言う。ヤマジさんが現れる時は、光に包まれているものが薄ぼんやりと見えるんだよなと言う。ヤマジさんに会うと、俺、救われる気がするんだよな。

私は多重人格に関する本をふたたび手当たり次第に読んでいた。ラルフ・アリソンの『「私」が、私でない人たち』（作品社）には次のようなことが書いてあった。


多重人格者の中には、ＩＳＨ（インナー・セルフ・ヘルパー＝内部の自己救済者）がいる。

ＩＳＨは交代人格とは別の存在である。

ＩＳＨは交代人格とは完全に別の場所に住んでいる。

ＩＳＨは主人格本人も知らない主人格のすべてを知っている。

ＩＳＨは最も善なるものであり、良心である。

ＩＳＨは主人格を助ける力を持っている。


驚きだった。まさしくこれはヤマジそのものだった。これまでヤマジに対する解釈がどうしてもできなかった。町沢医師もヤマジをどう理解していいものか困惑していた。ヤマジが出現した時、ヤマジは妻の頭上三十センチのところにいると言った。町沢医師は自分の手をそこに持っていったが感じることはできなかった。その時、ヤマジは言った。

「ご亭主殿は確認することができまする」

ヤマジが言うのには理由があった。私はある夜、珍しく紹興酒を飲んだ。その時いきなりスプーンを曲げることができたのだ。ひょっとしたら私と紹興酒は相性がいいのかもしれない。不思議なことは続いた。右の手のひらと左の手のひらを合わせようと思っても、手のひらから出ている波動で合わせることができないのだ。両手を近寄せるたびに、圧縮ポンプを押しているような濃密な空間が左右の手のひらの間にあった。私は妻の頭上に手のひらを持っていった。そこに手を置くと、その濃密な空間を感じることができた。だがそこにヤマジがいるなんてことはとても信じられない。

しかしヤマジがＩＳＨだとすると、ヤマジが話したことは、妻を庇護《ひご》する者の言葉としてすんなり受け入れることができる。自分を超えた存在。超自我。確かにヤマジはいつも人間を超えた話をする。

一週間前、交換日記で、みんなが海を見たいと言っているのを私は思い出した。思い立って私の子供たちと一緒に海へ行った。私の家から歩いて二十分ぐらいのところに海がある。東京湾の奥まったところにある海辺である。田舎で育った私にとってはそれは海とはいえない。ヘドロの海である。だが磯辺で子供たちは喜んで波と戯れた。妻の中からまずカオリが出て、次にケン、リサと出た。海の香りを大きく吸い込み、みんな同様に、やはり海だよなとうれしそうに言う。私の子供たちと一緒にあちこちではしゃぎながら砂浜の貝殻を拾っている。カオリが言った。シズも出たがってるだろうに……、と。私は、呼んでみたらどうだと言った。カオリはうなずき、海のそよ風を受けて目を閉じた。そしてシズに代わった。シズかい？　シズなのか？　と私は聞いた。シズはゆっくりとうなずいた。シズの髪が柔らかな風でゆっくりとなびいた。

「これが海のにおいだ。やはり私は生きている」

シズの目からゆっくりと一筋の涙が流れて落ちた。

「私は生きたかった……」

何か変だなと思った。こんなことを言うシズは初めてだ。これまでシズは完全に孤立していた。シズの孤独はすさまじく、絶望が体からあふれていた。シズを表に出させないようにするカオリたちのガードは固く、シズは妻に接触することもできなかった。いや、他の交代人格たちからも完全に拒否されていた。誰からも相手にされないシズは、カウンセリングで町沢医師に毒づくしかなかったが、次第にその勢いも失速していった。時々、深く考え込むようになっていった。

ある時、シズは言った。出ようとしてもなかなか出られなくなったと。かつては自分は出たい時に出られた。自分がすべてを仕切っていた。シズはその自分の力がだんだん弱くなっているのを感じていた。その証拠に、自力で外に出ることができない。閉じ込められたままだ。それが続けばどうなるのか。いずれシズは消滅するだろう。シズはそれを知っている。助けを求めようにも誰もいない。シズは完全に孤立している。死を恐怖している。

私はシズに言った。とにかく町沢医師に自分が思っていることを隠さずに正直に全部話しなさい。どうすればいいか教えてくれるだろう。シズが出ることによって妻が助かったのは事実だ。だから妻はシズに感謝している。たとえ、どんなに悪いことをされたとしても、シズの存在には感謝している。そして妻は強くなるために必死で修行している。修行のたびにシズに感謝の言葉を述べているはずだ。それはシズも知っているはずだ。感謝することが大事だ。

「なぜ感謝しなければならないの？」

とシズは聞いてきた。そうか、シズは感謝ということが分からないのだ。人は一人では生きられない。誰かの助けがあるから生きていける。だから感謝する。今ではカオリすら感謝の言葉を口に出す。

「リサも？」

リサは子供だ。子供は特に親の助けが必要だ。だからもちろん感謝している。親から虐待を受けた人はなかなか感謝できないかもしれない。だが親に代わる人が必ず出て助けてくれる。だからその人に感謝する。妻がそうだ。妻を見なさい。カオリも分かってくれたんだから、シズ、分かってよ。

町沢医師は、シズは今、死にたがっているかもしれないと言う。海で出たのは、シズは死のうと思っていたのではないだろうか。現れたシズは町沢医師に言った。

「私は光を見た。その光を見て、なんだかすべてがばからしくなった。なんでこんなに悲しいのかといつも思っていた。それがあの光で救われた。もう一度あの光を見たい。あの光はヤマジという人に違いない。ヤマジは神であることがよく分かった。ヤマジの前で自分が無力であるということもよく分かった。ヤマジに会いたい」

そしてシズは泣いた。光を見た者はもう後には戻れないと町沢医師が言うと、声をあげて泣いた。ヤマジに会いたいとシズは身を震わせて泣いた。やがてシズは去った。

経緯をそばで聞いていたのか、カオリが飛び出してきて言った。

「シズ、消えるなよな。あんなお前でも、いなくなると俺は寂しいぜ。あれだけ一緒に行動したんだものな。お前がいなくなると、俺はひとりぼっちになっちまうじゃねえか」

町沢医師は最後にもう一度シズを呼び出してみようとした。カオリの言葉をシズに伝えようとしたのだ。しかし、いくら呼びかけてもシズは出なかった。シズの代わりに妻があわてたように目を覚ました。

それがシズを見た最後であった。ピタリと出なくなった。その後のカウンセリングでも、町沢医師が何度も催眠をかけたが出てこない。シズではなく、妻に戻るばかりだった。はたしてシズはどうなったのか。考えられるのは二つ。妻に統合されたか、頭の奥の暗闇で永遠の眠りに入ったか。

「統合されたのなら、純子さんにシズの特徴が現れてきます」

あのプライドの高いシズが妻の性格に現れるというのか。私は気がかりだった。シズは夫である私をすごく憎んでいる。そのシズが妻に統合されたら、その憎しみは妻の中に移行し、妻は私を憎むようになるのではなかろうか。町沢医師は言った。

「それは大丈夫です。統合されるのは無理やりではないのです。シズは納得して統合されるのです。だから、憎むということが表に現れることはありません」

私はもう一つの質問をした。

「シズがかき集めた金はいったいどうなるのでしょうか?」

「しまった。すっかり忘れてた」

町沢医師の話だとこうだった。もしシズが統合されたのなら、妻がそれを思い出す形で出てくるだろう。もし奥で眠ったのなら、出てくることは永遠にない。

以後シズが現れることはなく、カオリやケンやリサに聞いてもシズを全く見ないと言う。妻が新たな預金通帳の存在を提示することも、新しい口座番号を言うこともない。金の行方は永遠に闇のかなたに消えてしまった。

やがて債権者集会が開かれた。金融関係者は一人も来なかった。もし来れば違法が露顕してしまう。現れるわけがなかった。会社に投資した主婦が二人来て、妻に金がないかどうか再度調査してほしいと言った。裁判官（あるいは調停委員か）は二人をかなり説得したが、主婦は聞かず、異議申し立てとなった。三月後に開かれた第二回目の債権者集会には誰も来なかった。自動的に異議なしということになり、その一ヵ月後に妻に免責が認められた。

町沢医師とのカウンセリングはその後も続いている。シズは出てこない。妻の様子を見ていると、シズはどうやら眠りに入ったようだ。時々、カオリが出て子供と遊んでいる。その時のカオリは一重まぶたでもなければ、険悪な表情でもない。妻の純子とそっくりの変わらぬ顔つきをしている。

「えっ、お前、カオリなの？」

と私が聞くと、バツが悪そうな顔をしたので、ようやくカオリと分かる。カオリも妻も外見上ではあまり違いがなくなった。

だが、私たちにはまだやることがある。ヤマジだ。いったいヤマジは何者なのだ。シズは消える前に言った。

「ヤマジさんのような人があと三人いる」

カウンセリングで、ヤマジが出た時にそのことを直接本人に聞いてみた。

「それは本当です。私以外にあと三人います。そして私はいちばん下のランクのものです」

妻がある日、ぽつんと言った。

「私はこの苦しい私の人生を、私自身が選んで生まれてきたのだということがよく分かった」

妻は人間としての苦しみ、悲しみを経験するために生まれてきた。しかもそれは妻自らが選びとった生である。子は勝手に親が産んだわけではない。子は自分で親を選んで生まれてきたのだ。

人間は輪廻転生をする。長く苦しい試練である。だが少しずつ少しずつレベルを上げていく。苦しい試練を経て、あらゆる欲望や苦しみから解放される世界に向かう。人間を超えた世界だ。

だから、その世界に向かうために、試練に耐える力をつけるために、次の生ではより苦しい壮絶な人生を選ぶものがいる。それに耐えることができたら、たぶん輪廻は終わるかもしれない。次の世界に入っていき、この人間の世に帰る必要もない。

私と妻は姿形を変え、時には恋人として、時には親子として、時には兄弟として、性を取り替え、年齢を取り替え、生まれ変わったのだ。すべての試練に耐えるために。あの世に地獄などない。地獄のように見えるのは浮遊する魂がさまようからだ。地獄があるとすれば、この世が地獄だ。人間の住んでいるこの世が地獄だ。あの世を見てきたという、すべての書物がそう述べている。私と妻の輪廻の旅はこれで終わるのかもしれない。

今生《こんじょう》のこれ以上の試練はどこにあるだろう。妻はもう次の生では人間に戻ることはないかもしれない。光り輝く世界に突入するかもしれない。だが私にはまだ試練が待ち受けるであろう。私は妻に比べれば、まだまだ本当の苦しさに耐えていない。

妻よ、ありがとう。君のおかげでずいぶん多くのことが分かってきた。

時々、私は君が新幹線に乗っている姿を思い浮かべる。

大阪までの新幹線切符を買ったのは、なんとかして行きたかったのだろうか。

君たちを残して働きに出かけ、そこで死んだという君のお父さんを探しに行きたかったのだろうか。大阪にはきっと何かがあるのだろう。
君はカオリと二人で向かい合い、念願の大阪に向かうだろう。
窓の外には大きく一面の晴れた富士山が見えるだろう。
君はお茶を飲み、カオリは酒を飲んでいる。
カオリ「おい、いつまでめそめそしてんだ?」
純　子「そんなことない」
カオリ「心配すんな、おれが付いてるっていつも言ってるだろう」
純　子「うん、ありがとう」
カオリ「こうしてお前と二人だけで行けるなんて夢のようだな」
純　子「……うん」
カオリ「どうだ、一杯、付き合うか」
純　子「いらない」
カオジ「そうか。俺は焼酎はやめられねえな」
純　子「……(笑う)……」
カオリ「俺はお前と四十年も一緒なんだぜ。なんだかあっと言う間のような気がするな」
純　子「そう?　私は長かった」

カオリ「そんなことはねえだろう。俺が時々出てたんだから、あっと言う間だろ」
純　子「そうね。あなたに人生を取られたようなものだわね」
カオリ「ばかやろう。俺が助けたんだぞ」
純　子「分かってます」
カオリ「まあいいや。お前、あんなぐうたら亭主と別れるんならいつでも俺に言えよ」
純　子「……」
カオリ「あっと言う間に俺が片付けてやるからよ」
純　子「あの人は、カオリさんが好きみたいよ」
カオリ「ばか言ってるよ」
純　子「カオリさんもあの人を好きだもん、私、知ってる」
カオリ「ばかこけ、ぶん殴るぞ」
純　子「ほらほら赤くなった。いいとこあるじゃん」
カオリ「俺をからかうなって」
純　子「カオリさん、けっこう純情なんだね」
カオリ「うるせえ。黙って富士山でも見てな」

二人は富士山を見つめるだろう。富士山は見る人の視線を離さない。カオリよ、そしてケンよ、リサよ、そして妻よ。私はお前たちを手放さないよ。いつまでも今生の生が終わるまで付き合っておくれ。そしてシズよ、もし目覚めたら教えておくれ、金のありかを。そしてヤマジさん、時々出ては、私にあの世界のことを話してください。私たち人類はその世界を目指して生きているのだから。そして私たちの子供たちよ、よく耐えてくれたね。ありがとう。よく私たちを選んで生まれてきてくれたね。何度も同じメンバーで輪廻転生を繰り返す。その仲間をソウルメイトと言うそうだ。私たちは完全な一つの大きな魂の仲間、ソウルメイトなのだ。

私たちの旅はまだまだ続く。

この作品は平成十六年十月に創美社から発売された『妻は多重人格者』を改題したものです。

花田深　はなだ・ふかし

1948年、島根県生まれ。広島大学理学部地学科卒業。

フリーの助監督としてテレビ、劇映画、記録映画に従事。

1991年、サウジアラビア・日本合作劇映画『リトル・シンドバット　小さな冒険者たち』で初監督。

2004年、『妻は多重人格者』出版。フジテレビでドラマ化された。

カバー装画：中田あゆ（mieze）
http://www.mieze018.net/

妻に棲む別人（Ⅰ）
多重人格の出現　ヤミ金との激闘編

平成27年12月7日　第1刷発行

ISBN978-4-8024-0006-0　C0036

著　者　花田　深
発行者　日高裕明
発行所　ハート出版
〒171-0014 東京都豊島区池袋3－9－23
TEL. 03－3590－6077　FAX. 03－3590－6078

印刷・製本／中央精版印刷
乱丁、落丁はお取り替えします。その他お気づきの点がございましたら、お知らせ下さい。